# 小中高・教科書の新常識

## こんなに変わった！

現代教育調査班〔編〕



青春新書
PLAYBOOKS

# はじめに――進化した教科書から「平成の新常識」を学ぼう！

学校生活で誰もがお世話になった「教科書」。読み書きや計算をはじめ、私たちは生きるうえで必要な知識を小中高の教科書で学び、それを生かして社会生活を営んでいます。

ただし、教科書に書かれた「常識」は時代と共にどんどん変わり、今は旧常識になっているものが多くあること、知っていますか？　たとえば、昭和世代にとっては親しみのある「イイクニつくろう鎌倉幕府」の語呂合わせ、「鎖国」「士農工商」「踏絵」などの歴史用語、「富士山は休火山」「冥王星は太陽系の惑星」といった解釈も、すべて旧常識です。

「えっ、そうなの⁉」と思った方、さっそく新常識へのアップデートをオススメします。

本書は、昭和世代が意外に知らない新旧の教科書と学校生活の違いを明らかにしていきます。旧常識が改訂された背景も探ることで、時代の変遷が手にとるようにわかります。

若手社員や子どもたちから「それ、昔の常識ですよね」「そんなことも知らないの⁉」なんて言われないよう、自分の知識を再確認しておきましょう。

現代教育調査班

# こんなに変わった！　小中高・教科書の新常識　もくじ

## 「いちばん」や「はじめて」が変わった！



## そんな事実、本当はなかった。違ってた！

## その「言い方」はもう古いです！



## 歴史的偉人の顔にギモンあり！

## 知っていると役立つ、理科の記号の新常識



## 新常識の「言い方」あれこれ



## 理科実験の新常識、時代がわかる新情報にも注目!

4時間目

## 【その他の教科と学校生活】の勉強

### 驚くことだらけな平成の学校事情

カバー・本文イラスト▼瀬川尚志
本文デザイン・ＤＴＰ▼佐藤　純（アスラン編集スタジオ）

# 序章

# 「昭和の教科書」と「今の教科書」はまるで別物

## 比べてみたら、驚きの発見がいっぱい！

## ☑旧教科書のイメージがガラッと変わる、最新版ビジュアル教科書

昔使っていた教科書、あなたはどうしましたか？

たぶん、多くの人はとっくの昔に処分したか、所持していたとしても思い出として数冊程度で、ほとんど見ることもなかったでしょう。

そして、我が子の入学などをきっかけに、長くご無沙汰だった教科書を久しぶりに見てみると、自分が使った教科書とのあまりの違いにあっと驚くのです。

まず、見た目がガラッと変わっています。

新世代の教科書は、写真やイラストが豊富で目にも楽しいビジュアル本。判型、デザイン、厚み、紙質……どれをとっても、「こんなに変わったの!?」とひと目でわかります。昭和の教科書で学んだ大人が見ると、まるで絵本や写真集のように華やかで、洗練された印象を受けるかもしれません。

昨今はページ数も増え、教科書にはどんどん厚みも出ています。現在の小学校の教科書は「戦後最大」ともいわれる厚みで、ワイド版が定着した理科の教科書などは、「大きい、分厚い、キレイ」が三拍子そろった迫力なのです。そのため、

「ランドセルやかばんが重たそう……」

と、心配する親御さんも多いようです。

見た目だけではありません。教科書で学習する内容も時代と共にどんどん変化し、新しい常識に塗り変わってきています。

更新された内容は、歴史上の大事件だったり、表記の変更だったり、新しい科目や学習内容の導入だったりとさまざまですが、中にはこれまでの常識が180度ひっくり返るほどの改訂もあります。そのため、元児童や元生徒である大人たちは、

「自分が習ったことと全然違う！」

「こんな用語、まったく知らない」

と、教科書の〝新常識〟に戸惑ってしまうのです。

## いくつ答えられますか？　平成の教科書7つの新常識チェック

「受験勉強で覚えたことは、今も決して忘れない」

「暗記モノはかなり得意だったんだ」

とあなたが胸を張っても、昔覚えたことの中には、すでに〝旧常識〟になっているものが少なくありません。つまり、以前はテストで「○（正解）」だったことが、今は「×（不正解）」になる可能性もあるわけです。子どもの前で自信満々で言ったことが「×」だったら、ちょっと恥ずかしいですよね。

そこで、最初にあなたの新常識レベルをチェックしてみましょう。試しに、次の7つの質問に答えてみてください。

試験ではないので、もちろん、○か×かは気にせずお気軽に。

## 新常識レベルチェックテスト

Q1　古代日本史を代表する大政治家「うまやどのみこ」とは誰のこと？
Q2　「イイハコつくろう○○○○」の語呂合わせで覚える日本史の出来事と年号は？
Q3　世界史上で活躍した偉人「マガリャンイス」とは誰のこと？
Q4　「リットル」を英字の記号で書いてみてください（頭の中で書くだけでＯＫ）

Q5　太陽系にある惑星の数はいくつ？　どんな惑星がありますか？
Q6　ひらがなの「そ」の字、どう書いていますか？　2通りの書き方があります
Q7　英語で自己紹介。フルネームで言ってみてください

**答え**

Q1　聖徳太子（P28参照）
Q2　鎌倉幕府の成立。1185年（P26参照）
Q3　マゼラン（P76参照）
Q4　「L」（P104参照）
Q5　8つ。太陽から近い順に、水星、金星、地球、火星、木星、土星、天王星、海王星（P95参照）
Q6　「そ」の書き方には、上を離して2画で書く方法と、1画でつなげて書く方法があり、今、小学校の教科書には1画の方が載っています（P149参照）
Q7　あなたが山田花子さんだったら、「I am Yamada Hanako（アイアム　ヤマダ　ハ

ナコ)」と言うのが新常識。「My name is Hanako Yamada（マイネームイズ　ハナコ　ヤマダ)」と言ったなら、それ、旧教科書の言い回しです（P159参照)

いかがでしたか？　答えづらい問題はいくつありましたか？

このチェックテストをきっかけに、教科書の新常識、身につけてみませんか？

## ☑教科書は「4年に1回」生まれ変わる本

「教科書に載っていることは正しい」

「自分が教科書で覚えたことが正しい」

そんなイメージを持っている人は多いと思います。もちろん正しいに違いありませんが、

実際は「編集された時点では」とつけ加える必要があるでしょう。

教科書には、オリンピックのように「4年に1回」の更新時期があり、そのつど内容も変わります。4年ごとに必ず生まれ変わる本なのです。

その更新のベースにあるのが、文部科学省が定める「学習指導要領」。ご存じの通り、

小中高それぞれの学年でどんな科目をどのように学習するか、カリキュラムをおおまかに定めたものです。こちらは10年に1回ほどのペースで改訂されます。

教科書の更新はこの「学習指導要領」をもとに検討され、一定の審査を経て新事実や解釈が採用されれば書き換えが行われます。教科書をつくっている出版社は複数ありますが、内容に大きなバラつきが出ないのは共通の指導要領があるからです。最終的には、文部科学大臣の検定をパスした教科書が児童や生徒の元に届けられます。

つまり、今の子どもたちが使っている教科書は、繰り返し少しずつ更新されてきた最新版ですから、昔の教科書とはまったくの別物なのです。

もしあなたが今40歳なら、高校卒業から今までに教科書の更新時期は少なくとも5回あったわけで、「かなり変わった」と感じて当然です。改訂時に大きな変更などがあれば、高校卒業からたった数年の大学生でさえジェネレーションギャップを感じるでしょう。実際、アルバイトで家庭教師を始めた学生が、教え子の教科書を開いて「新常識に戸惑った」という話もよく聞きます。

## ☑なぜ、教科書の常識はあっさり覆されるのか？

4年に1度の更新で、驚きの新常識が生まれやすい科目といえば「歴史」です。

「知らないうちに、語呂合わせで覚えた年号が変わってた」

「有名な偉人の肖像画に別人説が浮上し、教科書から消えた」

「〝あった〟と言われてきた出来事が、改訂版では〝実はなかった〟ことになっていた」

……など、「まさか」と思うような記述や図版の変更が多いのです。


そもそも歴史とは、すでに終わった過去の出来事ですから、事実はたった一つでも、本当に正しいかどうかをじかに確認することはできません。つまり、数々の史料から「おそらくこれが正しい」「こうだったはず」と推論を立てながら歴史はつくられるのです。

そのため、新事実の発見や物的証拠の出現などがあれば、ゆらぐはずのなかった学説があっけなく覆されることもあります。というより、決して珍しいことではありません。

もしも多くの学者が「従来のA説より、新しいB説が適切だ」と唱え、それが学会などで受け入れられれば、教科書も書き換えられます。あとで紹介しますが、江戸幕府が行った「踏絵」の表記が「絵踏」に変更されるなど、誰もが教科書で覚えた定番の名称が、本当にころっと逆転したケースもあります（P55参照）。

歴史以外の科目の教科書も改訂のたびに書き換えられ、常に変化し続けています。惑星の数も、英語での自己紹介も、大人の都合はおかまいなしにいつの間にか変わっているのです。

## ☑薄くなったり分厚くなったり、教科書の姿はどんどん変わる

「つめ込み教育」や「ゆとり教育」という言葉は耳にしたことがあるでしょう。

これまでの流れをざっと振り返ってみると、1980年以前、（今、50歳前後が中高生だったころ）は、知識をできるだけたくさんつめ込もうとする教育が主流。「暗記型」といわれ、年号も地名も漢字も数式も、まるまる暗記する勉強法をすすめていました。ガリ勉タイプは、何でも暗記して成績トップを目指したものです。

ところが、その裏では「落ちこぼれ」の問題も発生。偏差値重視の教育で、競争についていけない子どもが勉強嫌い、学校嫌いになってしまったのです。

「これはマズい」と、1980年からは「ゆとり」への切り替えが始まります。ここで、

戦後初めて学習内容を減らすことになったのです。

そしてついに2002年（今、30歳前後の人が中高生だったころ）から、本格的な「ゆとり教育」が始まります。それまで以上にゆとりが重視され、学習内容はさらに厳選されます。この時期、完全学校週5日制が実施され、学習内容は3割削減、さらに「総合的な学習の時間」が導入されるなど、教育改革が一気に進みました。

教科書のページ数や内容も大胆に削られて、見た目にゆとりある本に変身。生徒の個性を重んじ、一つのことをじっくり学べるよう、さまざまな工夫が凝らされました。すると、旧教科書で学んだ親たちからは、心配する声も続出。

「教科書なのにまるで絵本みたい。これで大丈夫？」

「中身がスカスカでレベルが低すぎる……」

その心配は的中し、子どもたちの学力がみるみる低下し始めます。15歳を対象にした国際的な学力調査によると、2000年の段階では1位だった「数学的応用力」が、2003年には6位までガクンと落ち込んでいます。これは思わぬ誤算で、巻き返しをはかるもいまだに低迷状態が続いています。

さすがに「これは本当にマズい……」と、再度の方向転換を余儀なくされ、今度は、つめ込みでもゆとりでもない「脱ゆとり」への切り替えが始まるのです。

## 驚きの改訂が続出。新常識を知って脳細胞をリフレッシュ！

「脱ゆとり教育」が進む今は、自ら学び、考え、発言し、子どもたちの自主性に焦点を当てた教育改革が行われています。

教科書は、ゆとり時代の反省から、1学年の学習量も教科書のページ数も「減らす」より「増やす」傾向がみられます。痩せたり太ったりと、教科書の姿は、どんどん変わります。そして、「つめ込み教育→ゆとり教育→脱ゆとり教育」という段階を経てたどりついた最新版には、大人が知らない「新常識」がたっぷり詰まっています。

本書は、その新常識に注目。

歴史、理科、算数、社会、地理、国語、英語など、それぞれの教科ごとに昭和世代の多くがまだ意外と知らない新しい知識に迫ります。

「教科書で習ったことは変わらない」。そんな思い込みをなくして新時代の教科書を眺めてみると、「へ〜」と思う発見がいくつもあります。知ることであなたの脳細胞も刺激され、あのころの若さが蘇ってくるかもしれません。ふつふつと学習意欲がわき上がってきたり、子どもや若い部下との世代間のギャップが埋まったりして、ちょっとアカデミックな会話ができるかもしれませんよ。

この本は今の教科書を知るための教科書。どこでも気軽に勉強できるよう、難しい用語はできるだけ省いて、ゆとりある構成を心がけました。「昔は勉強も教科書も苦手だったけど……」という人も大丈夫。ぜひ、柔軟な頭でご活用ください。

さっそく、教科書の勉強、始めましょう。

1 時間目

# 【歴史の教科書】の勉強

## ——ビックリ！な書き換え、新事実が続々

# 「知らなかった」じゃすまない、有名史実の大転換

## ☑「イイクニつくろう」はもう古い!?　鎌倉幕府成立タイムラグの謎

歴史の年号を覚えるのに役立った「語呂合わせ」。

かつて試験勉強で覚えたことの多くは忘れていても、語呂合わせで覚えたことは脳のメモリーに残っていて、今でもサッと思い出せるものもあるでしょう。

中でも、語呂合わせの代表格といえば「イイクニつくろう鎌倉幕府」。

そう、昭和世代にとって「鎌倉幕府の成立年はイイクニ＝１１９２年」が常識でした。

ところが、序章でも紹介した通り、この語呂合わせはすでに過去のもの。時は流れて、今は「イイハコ（１１８５）つくろう鎌倉幕府」が新常識になっています。

歴史的な出来事が7年も繰り上がるとは異例の事態。そのタイムラグの謎に迫ってみると、１１８５年の他にも１１８０年説、１１８３年説、１１９０年説など諸説あることがわかりました。というのも、鎌倉幕府は源頼朝が鎌倉に侍所《さむらいどころ》（武家時代の役所）を置いた

1180年を端緒に、1183年には朝廷が頼朝による東国支配権を公認するなど、徐々に確立されていったため、「この年にできた」とは断定しづらい状況があったのです。

現在、最有力とされる1185（イイハコ）年は、壇ノ浦の戦いで平氏を滅ぼしたのち、頼朝が全国に「守護（国の警備をする役職）」と「地頭（土地の管理をする役職）」を置いて、「実質的な支配権を得た年」とされています。つまり、朝廷から頼朝に権力が確実に移行したとされる年なのです。

一方、旧常識の1192（イイクニ）年は頼朝が征夷大将軍に任命され、「名実共に幕府が完成した年」。それ以前に幕府の基盤はでき上がっていたため、成立年は「イイハコ」の方が的確との判断から、定説は覆されたのです。教科書には、多くの学者が認めた説が第一に採用されるのです。

そもそも、「征夷大将軍になること＝幕府の成立」という考え方は江戸時代後期に誕生したといわれ、鎌倉時代を生きていた人にとっては「鎌倉幕府？　なんですかそれ？」という存在だったかもしれません。未来の教科書では、さらに塗り替えが進む可能性もあり、まだまだ目が離せません。

今はまず「イイクニ」から「イイハコ」へ、常識の入れ替えをしておきましょう。

## あれ？「聖徳太子」の扱いがどんどん地味になってる!?

日本史を語るうえで欠かせない大人物、あの聖徳太子が、教科書の中でどんどん地味な扱いになっていること、知っていましたか？

まず冒頭のクイズ「うまやどのみこ（＝厩戸皇子）とは誰？」の答えこそ、「聖徳太子」。昭和世代は「厩戸皇子」の名の印象は薄いかもしれませんが、今、多くの高校の歴史の教科書には「聖徳太子」の名と共に「厩戸皇子」や「厩戸王子」、あるいは「厩戸王《うまやどのおう》」の名前を併記しています。しかも、「厩戸皇子（聖徳太子）」のように、聖徳太子の名がカッコ内の扱いになっているものも少なくありません。

名前のことだけではありません。あとでまた詳しく触れますが、あの有名な聖徳太子の肖像画が教科書に掲載されなくなるなど（P68参照）、ページを開いただけで、明らかに影が薄くなっていることがわかるのです。

聖徳太子といえば、飛鳥時代に「憲法十七条」などの画期的な政治改革を試み、「お札の顔」としても知られる絶対的ヒーローだったはず。いったい何があったのでしょう？

ここではまず、名称についての謎解きをしましょう。

実は「聖徳太子」の名は、死後1世紀ほどたってから後年の人がつけた諡《おくりな》（死後、徳行のすぐれた人などに贈る称号）で、実名と考えられるのは「厩戸皇子」の方です。伝えられるところでは、厩（馬小屋）の前で生まれたから「厩戸」と命名されたとか。つまり生存中の太子は「聖徳太子」という名を知らなかったわけで、教科書改訂の話し合いの際、「ならば、実名を優先的に表記しよう」という流れになったのでしょう。

ついには、小中学校の教科書でも表記を変える動きがあり、国会で議論を巻き起こしたこともあります。とはいえ、「聖徳太子」の名は平安時代に編纂《へんさん》された史書には記載があり、長く親しまれた呼称であることも事実。「今さら変えるのはどうか」、「日本のイメージの根幹を大切に」という国民の声も多いのです。

## ☑「冠位十二階」も「憲法十七条」も聖徳太子が「制定したとされる」？

聖徳太子をめぐっては、名称が変更されたり扱いが縮小されたり肖像画が掲載されなくなったりする他、その事績についても旧教科書とは異なる点がいくつも見つかります。

昭和世代が習ったのは、聖徳太子は日本最古の女帝・推古天皇のもとで、摂政（つまり天皇の補佐）としてすぐれた政策を打ち出したこと。具体的には、

・遣隋使の派遣など、大陸の進んだ文化や制度を積極的に取り入れたこと
・日本で最初の成文法「憲法十七条」の制定
・日本で最初の階級制度「冠位十二階」の制定

などが知られています。実際、奈良時代の歴史書『日本書紀』には、「憲法十七条は聖徳太子自らがつくった」と明記されていますが、現代の教科書では、聖徳太子がすべてを取り仕切ったという断定的な記述はしなくなっています。

というのも、当時、大臣だった蘇我馬子《そがのうまこ》の存在感も大きく、推古天皇、聖徳太子、蘇我

馬子の3人を中核に政治が行われていたという見方が強まったからです。つまり、当時の政策をチームプレーとしてとらえることで、聖徳太子を単独で取り上げたり、その超人ぶりを強調したりすることが少なくなったのです。

また、「聖徳太子が制定した」のような断定的な言い方も改められ、今は「制定したとされる」のように遠回しな表現に変わっています。

もう一つ、「摂政」という職制も、飛鳥時代にはまだ存在していなかったため、この二文字も教科書から削除されています。そのため、旧教科書で聖徳太子を学んだ世代が見ると、「何だか扱いが地味……」と感じるわけです。

頭脳明晰で一度に10人もの問いかけに答えたなど、伝説的なエピソードが残っている一方、「本当は実在しなかった」という架空人物説も飛び出すなど、伝えられている聖徳太子像もさまざま。『古事記』や『日本書紀』などの歴史書は脚色も多いといわれ、知れば知るほど謎は深まるのです。教科書の中の聖徳太子は、さらに塗り替えられる可能性がありそうです。

## ☑「大化の改新」は「蒸し米で祝おう（645年）」ではなくなった

「大化の改新は何年？」

と聞かれて、「645年！」と即答できる人、昭和世代は少なくないでしょう。「蒸し米《ごめ》（645）で祝おう」、もしくは「虫ご（645）ろし」の語呂合わせで覚えた記憶、ありませんか？

では、現代の教科書を見てみると……？

なんと、645年に起こった出来事は、「大化の改新」ではなく「乙巳《いっし》の変」と記されています。

歴史をよく勉強した人ほど「あれ？」と思うでしょう。ただし、「大化の改新」が教科書から消えたわけではなく、「何をもって改革とするか」の解釈が変わったのです。

以前は、蘇我入鹿《そがのいるか》が中大兄皇子《なかのおおえのおうじ》らに暗殺され、蘇我氏が滅びた事件を「大化の改新」と教えていましたが、実際は、この事件は政治改革の始まりにすぎません。蘇我氏が滅亡したことで、豪族中心の政治から天皇中心の政治に変わったわけで、単一の事件を「改革」と教えると矛盾が出てきてしまうのです。

そこで、教科書の表記も改革することに決定。645年の蘇我入鹿暗殺事件を指して「乙巳の変」と呼び、その直後の646年に即位した孝徳天皇が「改新の詔《みことのり》（天皇の命令を伝える文書）」を発布したときを「大化の改新」、正しくは「大化の改新の始まり」ととらえるのが新常識になったのです。

そんなわけで、今の教科書で勉強している子どもたちには、昔の語呂合わせがどんどん通じなくなっています。「蒸し米で」が使えなくなったこと、覚えておきましょう。

## ☑「関ヶ原の戦い」で家康に対抗した西軍盟主は石田三成……ではない

天下分け目の歴史的な戦といえば、「1600年の関ヶ原の戦い」。この史実は映画になったりテレビドラマで繰り返し放映されたりしているので、印象的なストーリーと共に多くの人が記憶に刻んでいるでしょう。

では、このとき徳川家康率いる東軍に対抗した西軍の総大将の名前は？

この質問に対し、

「もちろん、石田三成でしょう」

と即答した方、それは誤りです。

実際、10人に同じことを尋ねれば、多くの人は「石田三成」の名を挙げるのではないでしょうか。それは、ドラマなどの影響で「家康（東軍）VS三成（西軍）」というイメージが定着したことに加え、旧教科書が「徳川家康を中心とする東軍」と「石田三成を中心とする西軍」の勢力争い、というような記述になっていたことも影響しているでしょう。

もちろん、三成が関ヶ原で中心的な存在だったことはたしかですが、西軍の総大将は他にいます。その武将の名は、五大老の一人、毛利輝元《もうりてるもと》。

では、二番手が三成だったのかというと、それも違います。副大将は、やはり五大老の一人だった宇喜多秀家《うきたひでいえ》でした。

三成は、もともと五大老の下の位である五奉行の一人でしたが、関ヶ原の際には家康の謀略で職を解雇、つまりクビになっていたので、実は肩書きもない立場だったのです。しかも、家康は約250万石の大大名なのに対し、三成は20万石と同格で戦うには力不足。

そこで、112万石だった毛利輝元が担がれたというわけです。

現在の教科書は、「家康VS三成」の勢力争いを強調せず、関ヶ原に至る経緯と共に、西軍の盟主として毛利輝元の名を記したものがほとんどです。誤った解釈をしないよう、以前より慎重な記述になっているのです。

## 縄文人の暮らしは「狩猟生活」ではなく「農耕・定住生活」だった！

グッと時代をさかのぼって見ていきましょう。

「縄文人」と聞いて、あなたはどんな暮らしぶりを想像しますか？

かつて、縄文時代の生活は「狩猟や採集が中心」といわれていたので、獲物を追って駆け回るワイルドな日常をイメージするかもしれません。

最近の教科書はどのように説明しているかというと、「縄文時代から胡麻《ごま》、粟《あわ》、芋、小豆《あずき》、麦、そして米もつくっていた」と書かれています。

「えっ、農耕と定住生活が本格的に始まるのは弥生時代からでは？」と思った方、その常識、すでに変わっています。近年の研究で、縄文時代の早い段階から農耕と定住生活が始まっていたことがわかってきたのです。

そもそも、縄文時代の始まりは約1万3000年前といわれ、2300年前まで続いたと考えられています。1万年以上の長期にわたるので、始まりと終わりでは生活様式も違って当然ですが、約9500年前には一部で集落が形成されていたようです。地域差はあっても、後期になるほど定住化が進み、稲や麦の栽培も定着していったと考えられています。

竪穴式住居に暮らし、弓矢を駆使して狩りをし、森の中で木の実や山菜を、海や川では魚や貝をとる一方、作物も育てていたとなれば、食材は多様だったはず。

なんと、「大豆」の栽培も縄文時代後期から始まっていた痕跡が発見されています。以前は大豆の栽培は弥生時代前期からというのが定説でしたが、それより1000年以上も前にさかのぼる可能性が高まってきたのです。縄文人の生活は、従来考えられていたよりずっと豊かだったのかもしれません。

# 「いちばん」や「はじめて」が変わった！

## 人類の発祥は約200万年前？　いいえ、新常識は700万年前

人類の発祥について、あなたはどう習いましたか？
実はこの話題、内容がころころ変わっています。平成生まれでさえ次世代とのギャップを感じるかもしれません。

まず、1980年代の教科書では、最古の人類として「アウストラロピテクス」という猿人の名があり、その出現は約250万年前、あるいは約200万~100万年前などと記されていました。その姿形は直立したチンパンジーのイメージ。脳が発達して道具を使い、直立二足歩行の能力を持つことが特徴といわれます。

その後の新発見で、90年代になると「アルディピテク

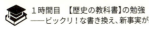

ス・ラミダス（ラミダス猿人）」の化石が最古となり、「約440万年前にあらわれた」という説明に変わります。

そして現在、さらなる新発見で最古の人類は「サヘラントロプス・チャデンシス（トゥーマイ猿人）」になり、発祥年代は「700万年前」になっています。2001年にアフリカ中央部のチャドで、史実を塗り変える人類化石が見つかったのです。頭部以外の化石は見つかっていませんが、犬歯などからヒトに近い特徴を十分備えていることがわかっています。

人類の歴史が一気に200万年以上さかのぼってしまうところが考古学のすごいところで、現時点ではこの猿人の化石が最古だと考えられています。

舌をかみそうな名前ですが、愛称の「トゥーマイ」なら覚えやすいでしょう。ちなみにトゥーマイとは、チャドの現地語で「生命の希望」という意味です。

昨今の化石調査で、他にも古い人骨があちこちで見つかっているので、教科書の内容がまた変わる可能性は十分にあります。発見に次ぐ発見で、人類の発祥時期はどこまでさかのぼっていくのでしょうか。

## 「弥生時代は紀元前3世紀から」の通説に意外な注釈

縄文時代と弥生時代の違いといえば、縄文土器と弥生土器が知られています。厚手で縄目模様が入った「縄文土器」と、薄手で色や模様も洗練された「弥生土器」の比較からわかる通り、弥生時代になると使う道具が明らかに進化しています。

さらに、「狩猟・採集が中心の縄文時代」と、「水田稲作農耕が定着した弥生時代」というとらえ方もありますが、前項の通り、農耕生活は縄文時代の早い時期に始まっていたことが判明し、時代の区分がちょっとあいまいになっています。

通説は、弥生時代は「紀元前3世紀ごろから紀元3世紀ごろまでの600年間」。今も教科書にはそのように記されていますが、一つ変わったのは、弥生時代の始まりを「紀元前10世紀」とする新説も注釈などで加えられるようになったことです。

紀元前3世紀から、いきなり紀元前10世紀まで飛ぶとは驚きです。7世紀分繰り上がった理由は、2002年に画期的な研究結果が発表されたからです。

国立歴史民俗博物館（歴博）が、最新の測定法で弥生時代遺跡の土器に付着した炭化物（米のおこげ）を調べたところ、紀元前900〜同800年のものだとわかりました。この土器は九州北部から出土されたので、紀元前10世紀後半にはこの地域で水田稲作が本格的に始まり、日本列島各地に広がったという説を歴博が唱えたのです。

他にもいくつか新説があるので、今後、常識がガラッと塗り替わる可能性もあります。ただし、人々の生活は時間をかけて進化し、地域ごとのタイムラグもあるので、土器の違いや稲作の開始をもとに、「ここからが弥生時代」ときっちり区切ることには無理があるのかもしれません。

## ☑最大級の前方後円墳「仁徳天皇陵」が「大仙古墳(仁徳陵古墳)」に

「仁徳天皇陵」と聞いてなつかしさを覚える人は、一定年齢以上の大人でしょう。日本最大規模の天皇の陵墓（前方後円墳）として、旧教科書には必ずこの名前が載っていました。

大阪府堺市の大仙《だいせん》町にあるこの古墳を空中写真で見ると、その巨大さが一目瞭然。面積ではクフ王のピラミッド、始皇帝陵をしのぐとさえいわれています。

当然、今でもこの古墳は教科書で紹介されていますが、表記が変わり、「大仙古墳（仁徳陵古墳）」のように記されています。

なぜ国民的に親しまれていた古墳の名称をわざわざ変更したのでしょう？

理由は簡単。仁徳天皇の墓ではない可能性が出てきたからです。古墳がつくられた時期と、仁徳天皇の没年が合わないという説が有力になってきたのです。

現時点では宮内庁が発掘調査を認めていないため、仁徳天皇が本当に埋葬されているかどうか、真偽をたしかめることはできません。そのため、「仁徳天皇陵」という天皇陵名を用いるのをやめて、地名で呼ぶようになったというわけです。

「大仙古墳（仁徳陵古墳）」とカッコ内に記したのは、「仁徳天皇の陵墓とも考えられる古墳」のような意味合いで、広く認知された呼称をあえて残し

ているのです。旧教科書で習った昭和世代も、「あ、あの古墳か」と連想できるので、適切な表記変更といえるでしょう。

## ☑日本初の貨幣「和同開珎」は「富本銭」にバトンタッチ

「日本で最古の貨幣」といえば、長らく「和同開珎《わどうかいちん》」が常識でした。平成に入ってからも、しばらくそのように教えられていましたが、1999年（平成11年）1月、常識を覆す衝撃ニュースが飛び込んできました。

「和同開珎より古い、富本銭《ふほんせん》を発見！」

奈良・飛鳥京跡で日本最古と考えられる貨幣が出土したのです。以前も数枚は見つかっていましたが、大量に発掘されたことでメディアも大騒ぎに。

富本銭がつくられたのは683年ころ、天武天皇の時代と推定され、和同開珎の鋳造はそのあとに始まったと考えられています。この新事実から、教科書の内容も更新され、「日本最古の硬貨は富本銭」と記されるようになったのです。

「いちばん」の座を明け渡した和同開珎ですが、今でも「富本銭に続いて鋳造された」のような解説で、脇役として教科書に掲載されています。

ただし、いちばん古い富本銭が実際に流通していたのか、まじないなどに使う祭祀《さいし》用だったのかは学説が分かれるところ。つまり、流通貨幣としてどちらがいちばん古いのかについては、まだ決着がついていないことになります。

## 小野妹子以前の〝本当の第1回遣隋使〟の注目度が上がった

「無礼な（607）遣隋使《けんずいし》、小野妹子《おののいもこ》」

昭和世代にとっては親しみのある語呂合わせでしょう。

遣隋使は聖徳太子の事績の一つで、607年に小野妹子を隋に送ったことは有名です。『日本書紀』では、これが初めての遣隋使として記録され、旧教科書でも特別な出来事として取り上げられていました。

このとき、聖徳太子が小野妹子に持参させたのが、「日出《い》づる処の天子、書を日没する処の天子に致す、恙無《つつがな》きや」

という国書。日本を「日出づる国」、隋を「日が没する国」と表現した強気の外交でしたが、これを読んだ煬帝《ようだい》が「なんと無礼な！」と激怒したり、その返事を小野妹子が紛失したりしたというエピソードが知られています。

ただ、現在の教科書では、もっと早い時期に派遣された600年の遣隋使を重視する傾向が見られます。というのも、隋の歴史書『隋書』などの記録から、本当の第1回遣隋使は600年で、このとき大陸の進んだ文化に触れたことが、のちの政治改革や憲法十七条などの制定につながったのではないかと考えられるからです。

では、なぜ『日本書紀』には最初の遣隋使が掲載されなかったのか？

理由は定かではありませんが、日本が未開の野蛮な国としてあしらわれ、結果的に大失敗に終わったため、日本史から抹殺したのではないかともいわれています。

この通り、聖徳太子の扱いと共に、遣隋使の取り上げ方も少しずつ変化しているのです。

## ☑日本に鉄砲を伝えたポルトガル人の本当のストーリー

「1543年　ポルトガル人が種子島に漂着し、日本に初めて鉄砲を伝えた」

戦国時代に大きな影響を与えた「鉄砲伝来」について、旧教科書では大方このように説明していました。「銃ご予算（1543）」の語呂合わせで覚えた方も多いのではないでしょうか。

この一文だけ見ると、「ポルトガル人が西洋の鉄砲を持ってはるばるやって来た」ようなイメージですが、事実はちょっと違います。

このときポルトガル人が乗っていたのは中国船、それも倭寇《わこう》（海賊）の船で、南洋から中国へ向かう途中で、たまたま種子島に漂着したのです。

このときポルトガル人から鉄砲を入手したいきさつは、江戸時代に書かれた『鉄炮記』に詳しい記述があります。

それによると、天文12年（1543年）8月25日、漂流船に乗っていた中国（明）の貿易商人と日本人がまず筆談で接触します。その後、同乗のポルトガル人が鉄砲を扱う様子を見て驚愕した種子島時尭《ときたか》が、2挺《ちょう》を購入。さっそく鉄匠に命じて製造法を研究し、複数のルートで本土に急速に広まったということです。また、このときの鉄砲は、アジアで生産されていたことが近年明らかになっています。

現代の教科書では、この史実に沿った内容で「ポルトガル人を乗せた中国人倭寇の船が九州南方の種子島に漂着した」というような表記に変わっています。

鉄砲伝来のストーリーも、「倭寇」や「中国船」という言葉が加わると印象がかなり変わります。しかも、鉄砲は東南アジア産。ポルトガル人が伝えてくれたというよりは、偶然の要素が大きいことを覚えておきましょう。

# そんな事実、本当はなかった。違ってた！

## ☑「士農工商」の記述が2000年から消えた！

「江戸時代には、士農工商っていう身分制度みたいなものがあってね……」

「えっ、そんなの聞いたことないよ!?」

歴史を勉強している子どもに向かってこんなふうに教えたりすると、怪訝《けげん》な反応が返ってくるかもしれません。その常識、すでに変わっているのです。

かつて、「士農工商」は江戸時代を象徴する歴史用語で、必ず教科書に載っていました。この時代は、職業ごとに明らかな上下関係があり、武士の身分がいちばん高く、次に農民、職人、商人と続く、と習ったことでしょう。勉強しながら、「自分の先祖はどの位置だったのだろう?」と気になったかもしれません。

ですが今、この四文字を大きく取り上げる教科書は一つもありません。それどころか、「士農工商」という用語はほとんど消え、掲載してもコラムなどで「かつて士農工商の身分制度があったといわれていた」などと軽く触れる程度です。

というのも、近世史の研究が進むにつれ、士農工商の身分制度が「実はなかった」ことが明らかになったからです。武士が支配層にいたことは事実ですが、「農工商」については対等な関係で、あくまで「職業の違い」にすぎなかったというのです。

そもそも「士農工商」の言葉のルーツは儒教で、社会の主な構成要素である「官吏、農民、職人、商人」を指す概念でした。そこに身分のランクはなかったのです。

現在の教科書ではどのように教えているかというと、「武士」と「町人・百姓」の大きく二つに分けて解説しています。

町人と百姓の違いは身分ではなく「住む場所」で、「城下町などの都市に住んでいれば町人、村に住んでいれば百姓とされた」のような記述になっています。百姓の多くは農民ですが、他に漁業や林業などの一次産業に従事する人も含むので、「百姓＝農民」という解釈だと旧常識になってしまいます。

ところで、江戸時代には、「えた・ひにん」と呼ばれる差別された人々がいて、現教科書にもその事実は書かれています。ただ、以前のように「士農工商の下の身分」のような序列を思わせる書き方はしていません。また、「士農工商」の身分制度があったと言われていた時代から、そこに含まれなかった宗教者や芸能者などの存在について取り上げる教科書も出始めています。

知ってて当たり前だった江戸時代の常識も根本からガラッと変わっていること、心に留めておきましょう。

## 「四民平等」の言葉も教科書から消えている……

「士農工商」の従来の解釈が誤っていたことを受け、一緒に教科書から姿を消した言葉があります。

それが「四民平等」。

明治維新の一環として、明治政府が掲げた身分制度廃止のスローガンです。

旧教科書では「江戸時代の身分制度も改めて四民平等とし」というように説明していましたが、「士農工商」の用語を教えていないのに「四民」という用語を使うと、混乱が生じやすくなってしまいます。

そこで、現教科書では「すべての国民は平等であるとされ」のように「四民平等」を使わない表現に変わっています。これだと、「武士」と「町人・百姓」という関係が崩れ、新しい政策に変わったことがストレートに伝わるでしょう。

## 本当はなかった⁉　鎖国は「いわゆる鎖国」に格下げ

2017年2月、次期学習指導要領の改訂案で話題を呼んだのが「鎖国」という歴史用語。このあまりに有名な言葉を教科書から外し、「幕府の対外政策」など別の言葉に言い換えることが検討されたのです。

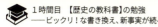

「鎖国」といえば、江戸幕府が行った代表的な政策の一つ、だったはず。ところが、今では「鎖国はなかった」が常識になろうとしています。何があったのでしょう。

まず簡単におさらいすると、「鎖国」とは、徳川三代将軍家光の時代に完成された対外政策で、日本人の出入国禁止、キリスト教禁止、さらに貿易の管理・制限などを行ったものです。

従来は、江戸時代の日本は国を閉ざして孤立していたというイメージでしたが、実際はそうではありません。幕府の統制下とはいえ、「四つの口」が開かれ、海外と交易が行われていました。

「四つの口」というのはオランダ・中国と通じていた「長崎」、朝鮮と通じていた「対馬《つしま》」、薩摩・琉球と通じていた「薩摩」、アイヌと通じていた「松前」のこと。

現在の教科書ではこれらの事実を記し、用語の使い方にもかなり慎重になっています。「鎖国をした」のような断定的な言い方を避け、「いわゆる鎖国」「鎖国と呼ばれる政策」「鎖国などの幕府の外交政策」というような遠回しな表現に変わっています。

中には「江戸幕府は鎖国をしていたか」という特集を載せ、「鎖国をした・しない」で学説が対立していることを伝える教科書もあります。

実は、「鎖国」という用語の発祥時期は江戸後期の１８０１年（享和元年）、11代将軍家斉の時代のこと。志筑忠雄《しづきただお》という学者がドイツ人医師ケンペルの著書を翻訳した際、「鎖国論」という言葉を使ったのが始まりでした。つまり翻訳者が創作した言葉が明治以降に独り歩きを始めたわけで、だからこそ異論を唱える学者も多いのです。

現在の教科書では、こうした背景にも触れているので、子どもたちの「鎖国」への認識はかなり変わってきているでしょう。10年後、20年後には、鎖国という用語を使う日本人も少なくなっているかもしれません。

## 農民の暮らしを規制した「慶安の御触書」も消滅の危機

日本史の授業で「慶安の御触書《おふれがき》」について習ったこと、覚えていますか？

昭和の教科書には、「江戸幕府が農民の暮らしを規制した法令」として、必ず掲載されていました。発令されたのは１６４９年（慶安2年）、三代将軍徳川家光の時代とされ、32カ条のお達しが書かれていました。その中身とは、

・早起きして草を刈り、昼は田畑を耕し、夜は縄をつくったり俵を編んだりしなさい
・酒や茶は飲まないこと
・粟《あわ》や稗《ひえ》などの雑穀を食べ、米を多く食べ過ぎないこと

……などなど、農作業のことから日常生活全般にいたるまでこまごまと決められ、朝から晩まで働きづめだった農民の厳しい生活がうかがわれます。

要は、贅沢をつつしんで労働に精を出しなさい、と言っているのです。この内容から、「そうか、当時の農民は、貧しさに耐えてよく働いたんだな。自分でつくった米も食べないで、酒もダメで、夜も内職していたのか……」と感心したり、その生活を想像して「自分にはとても無理」と思ったりしたかもしれません。

しかし時代は変わり、今ではこの御触書も教科書から消えつつあります。

実はこの御触書、その後の研究で、幕府からのお達しではないことがわかったのです。原本はいまだ発見されていませんが、かつての甲斐国《かいのくに》周辺で写本が発見されていることから、この地域の藩が発布した「村の掟《おきて》」のようなものが、「お上からの命令」として誤っ

て伝えられたと考えられています。

現在の教科書では「慶安の御触書」をまったく取り上げなくなったり、掲載しても「幕府が1649年（慶安2年）に出したと伝えられる触書です」というように、伝承とわかる注釈をつけたりしています。また、「慶安」の二文字を消して「農民に出された御触書」「農民が守っていた決まり」のように表現を変えて紹介するケースもあります。

内容が具体的なので、当時の暮らしを知るうえでは参考になる文書ですが、やがて教科書から完全に姿を消してしまうのかもしれません。

## ☑日本最初の「原人」の名も教科書からすべて消え去った

人類の進化の過程で、「猿人」の次に来るのが「原人」。猿人と比べて脳の容積が大きく、眉のあたりの出っ張りが目立つなどの特徴があります。

以前の教科書では、その原人が「日本にもいた」と書かれていました。

50年前の教科書には、兵庫県明石市で発見された「明石原人」の名が日本最初の原人として記されていたのです。

その後、30年前の教科書では、明石原人の他に、葛生《くずう》原人、浜北原人、三ヶ日《みっかび》原人、牛川原人、港川原人などの名も加わり、一時は「70万年前の日本列島に原人がいた」ということが通説になりそうな気配がありました。

今はどうなっているのでしょう？

さらに多くの原人の名があるかと思えば……なんと、すべての原人の名前が教科書から消えていました。

その後の調査で、原人と思われたものが、もっと新しい縄文時代の人骨や動物の骨だったことが判明したのです。結局、「日本に原人はいなかった」が新常識に。

現時点で、日本には前期旧石器時代の遺跡は存在しないとされていますが、新たな大発見に期待したいところです。

# その「言い方」はもう古いです！

## 江戸時代、キリスト教信者を見つけるためのあの行為は？

昔「踏絵」→今「絵踏」

数ある歴史用語の中には、知らないうちに微妙に変わっているものがあります。

10年ごとに行われる学習指導要領の改訂の際、「この言い回し、ちょっと不自然では？」「もっとわかりやすい言葉に変えてはどうだろう？」「では、ちょっと考えてみようか……」などと専門家らが頭をひねり、毎回少しずつ修正されているのです。

あなたが今まで当たり前に使っていた用語も、現在の教科書の中ではすで

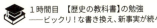

に変わっているかもしれません。

そこで、昭和から平成の現在までに変化した歴史用語をピックアップ。新しい言い方、あなたはどれだけ知っていますか？

まずは、序章でも触れた「踏絵《ふみえ》」が「絵踏《えぶみ》」に変わった話題から。

「江戸時代は踏絵をして、禁じられていたキリスト教の信者を見つけたんだよ」

「それ、絵踏でしょ⁉」

「えっ？　え・ぶ・み⁉」

古い常識のままだと、こんなふうに子どもから思いがけないダメ出しがあるかもしれません。二文字が逆転しただけなので、現場の教師もうっかり古い方を使ってしまうこともあるそうですが、今の常識は、「踏絵」ではなくて「絵踏」です。

表記変更の理由は簡単。

踏ませる行為を「絵踏」、踏ませる道具（つまり、イエス・キリストや聖母マリアの絵が描かれたもの）を「踏絵」として区別した方が理にかなっているからです。たしかに、「絵を踏む」のだから、その行為自体は「絵踏」が適切なのでしょう。

今の教科書は、「踏ませる行為（絵踏）」と、「踏ませたもの（踏絵）」をきちんと区別して記載しています。微妙な違いを知ったうえで、二つの用語を覚えておくといいでしょう。

## 江戸時代における幕府の直轄地の呼び名は？

昔「天領」→今「幕領」

江戸幕府の直轄地は、元禄以降、全国に約400万石あったとされ、主要な財源になっていました。

その直轄地の呼び名は、旧教科書では「天領」。

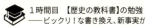

ただし、これは江戸時代から伝わる言葉ではなく、当時は単に「御領」や「御領所」と呼ばれていたそうです。ではいつ「天領」という言葉が生まれたかというと、明治時代に入って幕府の直轄地が天皇家の御領になったときです。となると、ちょっと矛盾が……。「天領」は明治以降の俗称で、江戸時代の幕府直轄地を示す言葉としては適切ではないため、表記の変更が検討されたのです。

そして、新しくなった呼び名が「幕領」。当時使われていた言葉ではないものの、幕府の直轄地だということがストレートに伝わる言葉に落ち着いたというわけです。

## ☑天草四郎率いる民衆による幕府との戦いの名は？

昔「島原の乱」→今「島原・天草一揆」

「天草四郎が率いた一揆？　それはもちろん、島原の乱でしょ」と昭和世代の多くは堂々と答えるかもしれません。ですが、この戦いの名称は今、多くの教科書で「島原・天草一揆」に変わっています。

戦地や戦いの状況を考えれば、たしかに新常識が適切と言えるでしょう。島原（長崎県）と天草（熊本県）でこの一揆が起こったのは、１６３７年（寛永14年）のこと。これを仕切った最高指導者がカリスマ性の高いキリシタンの天草四郎（なんと当時16歳）だったことから、宗教戦争のような印象を持たれがちですが、実際は宗教だけが問題だったわけではありません。

背景には、「過剰な弾圧に苦しむキリシタン」と「過剰な年貢の負担に苦しむ農民」という二つの大問題があったのです。この地域の藩主は、年貢を滞納する農民や改宗しないキリシタンに対し、体を傷つけるほどの過酷な罰を与えていました。そのため、「もう、耐えられない！」と不満をつのらせた領民が一致団結し、蜂起したというのが真相。島原と天草の両地域で同時多発的に起こったため、これにふさわしい「島原・天草一揆」に名称が変わったのです。

## 応仁元年に発生し、戦国時代の始まりとなった大乱は？

昔「応仁の乱」→今「応仁・文明の乱」

室町時代後期に発生し、戦国時代の幕開けとなった歴史的な大乱といえば「応仁の乱」。今もその常識は変わりませんが、ごく最近になって多くの教科書が「応仁・文明の乱」に次々と名称を切り替えています。

この乱の一つの特徴は長期間続いたこと。応仁元年（1467年）に発生し、文明9年（1477年）までのなんと足かけ11年も続き、その期間の大半は文明年間です。そのため、「文明という年号も表記すべき」と考えられるようになったのです。

この戦いのもう一つの特徴は複雑さ。守護大名家の家督争いから、将軍家の跡継ぎ問題、さらには有力大名の細川勝元と山名宗全の主導権争いまで絡んで、全国の大名が東西に分かれて争ったのです。「応仁・文明の乱」とすると、この長期間に及んだ内乱の複雑さが連想しやすいかもしれません。

## ☑縄文時代に使われていた土器の名前は？

昔「縄文式土器」☞今「縄文土器」

縄文時代に誕生したのが、縄（撚《よ》り紐《ひも》）を使って縄目模様をつけた土器。土を焼いて固めると器になるというのは、画期的な発明でした。この土器のことを、80年代の教科書までは「縄文式土器」と表記していましたが、今の教科書は「縄文土器」としています。つまり、「式」の一文字がカットされたのです。

同じように「弥生式土器」も「弥生土器」に変わっていますが、これらは歴史学上の表記に合わせた変更です。

「縄文土器」はこの時代の土器の総称で、同じ縄文土器でも、発見された遺跡や文様の特徴などから細かく分類するときは「○□△式」と表現するのが一般的なのです。たった一文字の違いですが、今と昔の微妙な違い、理解しておきましょう。

## 2〜3世紀に女王卑弥呼がおさめた国は？

### 昔「邪馬台国」→今「邪馬台国連合」

中国の史書『魏志倭人伝《ぎしわじんでん》』にも登場する倭国の女王卑弥呼《ひみこ》。呪術をあやつる巫女《みこ》（シャーマン）のような存在だったともいわれ、多くの謎に包まれています。

昭和の教科書では、女王卑弥呼は「邪馬台国《やまたいこく》」という大国を圧倒的な力で束ねたイメージがありましたが、現在の教科書では「邪馬台国」の表記が「邪馬台国連合」に変わっています。「連合」の二文字が加わったワケとは？

実際の卑弥呼は一国のリーダーではなく、30国ほど

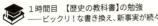

の小国連合の首長といった立場だったため、より適切な表現に変わったのです。

倭国では、2世紀の終わりころから争乱が絶えず、それをおさめるために諸国が共同して邪馬台国の女王卑弥呼を立てた。すると争いは鎮まり、邪馬台国を中心とする30国あまりの小国の連合が生まれた……という解釈が新常識です。

## ☑3世紀後半、奈良盆地に形成された政治勢力の名は？

昔「大和朝廷」☞今「ヤマト政権」

集落から小国が生まれ、より大きな国が列島各地で生まれる中、3世紀後半になると大和地方（奈良県）に王を中心とした豪族たちの連合勢力が出現。この政治体制を、旧教科書は「大和朝廷」と表記していました。昭和世代なら聞き覚えがあるでしょう。

この慣れ親しんだ歴史用語も今は見当たらなくなり、「大和政権」「ヤマト政権」「大和王権」「ヤマト王権」など、教科書ごとに異なる表記が見られます。何ともややこしいのですが、共通しているのは「朝廷」の二文字が消えたこと。

「朝廷」は、天皇と貴族による集権政治の意味合いがありますが、当時の体制はそこまで熟成されていなかったため、もっと適した表記に変えたのです。

変化の過程として、80年代以降の教科書には「王権」「政権」という用語が登場し、2000年以降は「ヤマト」とカタカナ表記にする教科書も出てきました。「大和」は奈良時代以降の表記なので、それ以前の政治体制を示すなら「ヤマト」がふさわしいという発想から生まれた言葉です。

「大和朝廷」という言い方は長く定着していましたが、この通り、時代の推移と共に少しずつ変化してきています。

## 鎌倉時代、九州北部がモンゴル帝国に二度襲撃された事件の名は？

昔「元寇」☞今「モンゴルの襲来」

「元寇《げんこう》」とは、1274年（文永11年）と1281年（弘安4年）の二度にわたってモンゴル帝国（元王朝）の侵攻を受けた事件のこと。当時、大陸を支配していた巨大帝国の船が九州北部を襲ったのです。暴風雨（神風）のおかげで元軍を撃退できたことは、授業で習ったことでしょう。

1度目が「文永の役」で2度目が「弘安の役」。これらを合わせて「元寇」と呼ぶのが一般的。元寇の「寇」は、外からの侵入を表す言葉です。

今の教科書でも「元寇」の二文字は載っていますが、変化したのは「モンゴルの襲来」「蒙《もう》古《こ》襲来」などを併記して、意味をとりやすくするケースが増えたこと。「元寇」という表現は江戸末期に定着したもので、当初はモンゴルを「蒙古」、この事件を「蒙古襲来」と呼んでいたので、それを再現したことになります。

2017年度の学習指導要領の改訂案では、「元寇→モンゴルの襲来」への言い換えも検討されており、さらに見た目にわかりやすい表現に変化しつつあります。

## ☑4~7世紀に海を渡って日本にやってきた人の呼び方は？

昔「帰化人」☞ 今「渡来人」

「渡来人」とは、広義では海を渡って日本にやって来た人のこと。歴史では、特に4~7世紀ころに中国大陸や朝鮮半島からやってきた移住者を指します。

この時代、多くの渡来人が日本に移り住み、漢字や儒教をはじめとする大陸の進んだ技術や文化を日本に伝えました。のちの日本文化に多大な影響を与えたことが教科書にも書かれていますが、50代以上の人は「渡来人」という表現にちょっと違和感を覚えるかもしれません。以前は「帰化人」と教わったからです。

多くの教科書が「帰化人」から「渡来人」に表記を変え始めたのは80年代以降のこと。「帰化」には、日本に帰属するという意味があるので、当時の移住者の状況を示すには適切でないと考えられるようになったのです。

ただ、個々の状況によっては帰化が適する場合もあるので、専門家の意見はいまだ分かれるところだそうです。

## ☑明治初期、西郷隆盛が率いた士族の武力反乱の名称は？

昔「西南の役」☞今「西南戦争」

日本史には、「○□△の役《えき》」と呼ばれる戦いがいくつかあります。鎌倉時代、日本がモンゴル帝国に襲撃された「文永・弘安の役」、豊臣秀吉が行った「文禄・慶長の役」（朝鮮出兵）、そして西郷隆盛を盟主にした士族反乱も、かつては「西南の役」と呼ばれていました。それが昭和の後半から「西南戦争」に変わり、今の教科書はこちらの名称で統一されています。

変更の理由は、戦いの性質にあるようです。そもそも「役」は戦争の古典的表現。一般民衆を大量に「使役」して従軍させるという意味から、これまで、他国との大規模な戦争、辺境での戦いなどで使われてきました。

西郷率いる旧薩摩藩士と政府軍の戦いは、1877年（明治10年）に鹿児島で勃発しています。大規模な内戦でしたが、前近代的な「役」は適切でないと判断されたのでしょう。結局、「西南戦争」に落ち着いたのです。

## ☑アドルフ・ヒトラーが組織した「ナチス」の正式名称は？

昔「国家社会主義ドイツ労働者党」☞今「国民社会主義ドイツ労働者党」

世界史の用語にも、いくつか気になる改訂があります。

1933年から1945年は、あのアドルフ・ヒトラーがドイツで一党独裁政治を行った時代。その政党名が「ナチス」。世界史の授業では必ず習う用語ですが、では正式名称を日本語で言うと？

「ナチス」の印象が強すぎて、突然聞かれると言葉に詰まってしまうかもしれません。かつての教科書では、「ナチス＝国家社会主義ドイツ労働者党」と訳されていましたが、最近は「国民社会主義ドイツ労働者党」が主に用いられています。

ナチスをドイツ語で表記すると「Nationalsozialistische Deutsche Arbeiterpartei」で、「National」には「国家（の）」と「国民（の）」という両方の意味があります。この本来の意味から、「国民社会主義」と訳すべきとの学会の意見があり、教科書でも「国民社会主義」という言葉に置き換えるようになったのです。世界史を語るうえで欠かせない用語ですから、新常識をインプットしておきましょう。

## インド民族独立運動の原点となったインド人傭兵（セポイ）による反乱の名は？

昔「セポイの反乱」☞今「インド大反乱」

世界史で習う戦いの中にも、新旧の教科書で名称が変わったものがあります。

その一つが、1857年から1859年にインドで起きたイギリス植民地支配への抵抗運動。インド人傭兵《ようへい》（セポイ）が蜂起したので、以前は「セポイの反乱」と呼ばれていました。しかし、実際は反乱以上の「大反乱」。抵抗運動は都市部から農村へと拡大し、農民をはじめさまざまな階層の人々が参戦しています。その性質から、「インド大反乱」がふさわしいということで、教科書の記述も変わったのです。

ちょっとした常識の変化も、覚えておくと知識が広がります。

## 歴史的偉人の顔にギモンあり！

### ☑旧一万円札の「聖徳太子」の肖像画が、まさかの別人!?

聖徳太子といえば、「お札の顔」を連想する人も多いでしょう。おなじみの旧一万円札をはじめ、旧五千円札、旧千円札、旧百円札まで、昭和の日本のお札に最も多く登場し、しかも常に発行時の最高額のお札で採用されていました。

その高額紙幣の肖像画の元になっているのは、「聖徳太子二王子像」「唐本御影《とうほんみえい》」と呼ばれる絵画で、宮内庁が保有する皇室の私有品である「御物《ぎょぶつ》」です。二人の王子を左右に配したこの絵は、聖徳太子を描いた最古のものとされ、昭和の教科書でも「聖徳太子像」として大きく掲載され、強い印象を残しました。

ところが……、現代の高校の歴史教科書にはあの肖像画が載っていなかったり、「伝聖徳太子像」のような控えめな表記になっていたりします。「伝」の一文字が加わったのは、描かれた人物が聖徳太子本人かどうか確たる証拠が見つからないからです。

この絵画は、もともと太子が建立したとされる法隆寺が所持し、1878年に皇室に献納されたもの。制作年は早くても8世紀の奈良時代で、没後100年以上たってからの想像画であることに加え、どこで描かれたのか、いつごろから法隆寺にあったのかなど、不明な点も多いのです。

教科書の中の聖徳太子の扱いが地味になったことはすでに触れましたが、肖像画さえも消えつつあるというのは驚きです。とはいえ、急に「別人かも?」

と言われても、昭和世代の頭の中にはあのお札の顔が強烈に焼きついているので、ちょっとやそっとでは旧常識をリセットできないかもしれません。

## ☑あの「源頼朝の肖像画」が一転、簡素な顔に変わった

聖徳太子のように、偉人の肖像画に別人説が浮上し、教科書の扱いがガラッと変わることは珍しくありません。

源頼朝もその一人。鎌倉幕府の成立年が変わったことは前述しましたが、頼朝の「顔」にも疑惑が生じたのです。

旧教科書によく掲載されたのは京都・神護寺所蔵の肖像画で、昭和世代にとって頼朝といえばこの顔。冠をかぶって黒い装束を身につけ、ひげを蓄え、目元は涼やか……。見た目に凛々《りり》しく、高貴なイメージの武将の姿でした。この顔が本人だと長く信じられてきましたが、1995年に新説が発表されてから一転。

あの肖像画は、「実は室町幕府の初代将軍である足利尊氏の弟、足利直義《あしかがただよし》のもの」と美術史の研究者が唱えたことで、別人説がにわかに脚光を浴びたのです。その根拠は次の通

り。

・目や耳など顔のパーツの描き方が、頼朝の時代よりあとの、直義の時代の流行りに近いこと
・服装自体が、鎌倉幕府末期のものと考えられること
・直義が兄の尊氏と自分の肖像画を神護寺に納めたという文書があること

これより、一気に信憑性が高まってきました。教科書も「伝源頼朝像」や「源頼朝と伝えられる肖像画」などの断定を避けた表現に変わり、今では掲載もしなくなっています。代わりに、確実性が高い甲斐善光寺の木像などを掲載する教科書が増えていますが、顔の印象はかなり違います。凛々しい顔から簡素な顔へと、昭和世代が見るとまるで別人。

こうして、子どもたちの記憶に残る頼朝のイメージも大きく変わっているのです。

## ☑「足利尊氏像」はただの「騎馬武者像」に表記変更

かつての源頼朝像は足利直義説が濃厚になっていますが、一方で、直義の兄である足利尊氏《たかうじ》の肖像画も別人説によって教科書から姿を消していたこと、ご存じですか？

足利尊氏といえば、室町幕府を創設した大人物。以前は京都国立博物館が所蔵する「騎馬武者像」が足利尊氏の代表的な肖像画として教科書にも長く掲載されていました。黒い馬にまたがって矢を背負い、刀を担いだ勇ましい武将の姿は強烈な印象で、昭和世代が見れば、「ああ、あの顔ね」とすぐに記憶が蘇るほどです。

それが今ではあまり掲載されなくなり、掲載しても、単に「騎馬武者像」として紹介するのが一般的になってきています。

あの騎馬武者のモデルは足利尊氏ではなく、家臣の高師直《こうのもろなお》か、その息子だという説が浮上してきたからです。画像の中の馬具などに描かれた家紋が足利家のものではないこと、ざんばら髪の騎馬武者の姿が征夷大将軍としてふさわしくないことなどから、「どう考え

ても足利尊氏の可能性は薄い」として、教科書の扱いも慎重になったのです。
あなたの記憶の中で、「足利尊氏像＝騎馬武者像」が定着していたら、さっそくリセット。新常識に入れ替えておきましょう。

## ☑北条時宗、武田信玄……、まだまだ出てくる「顔」のギモン

もう一人、肖像画に「本人か？　別人か？」という疑惑が生じ、教科書への掲載が見直されたのが、北条時宗《ほうじょうときむね》。鎌倉幕府中期に活躍した第8代執権で、二度にわたるモンゴル帝国の日本侵攻（元寇）に立ち向かった英雄として、小学校の教科書で取り上げる歴史人物42人にも選ばれています。

時宗の肖像画を掲載する場合、主に用いられていたのが熊本県の満願寺に所蔵されている「重要文化財　絹本著色伝北条時宗像」でした。袈裟《けさ》を身につけた穏やかな顔の肖像画ですが、「本当のモデルは時宗の甥《おい》である北条定宗ではないか？」という説が浮上し、今は「伝北条時宗像」や「北条時宗と伝えられる肖像画」のような、断定を避ける表記になっています。

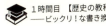

別人説が有力になってからは、掲載する肖像画を別のものに変更する教科書も増えています。これから更新される教科書の時宗像にご注目。

他にも、甲斐の守護大名として知られる武田信玄の有名な肖像画も、別人らしいことがわかり、やはり「伝武田信玄像」と表記することが増えています。ひげを蓄えた威厳ある肖像画は高野山成慶院に所蔵されていますが、モデルは能登の戦国大名ではないかという説もあり、真偽はまだわかっていません。

## ☑知ってビックリ。西郷隆盛とフランシスコ・ザビエルの顔の共通点

別人説とは異なりますが、肖像画が「想像」で描かれたために、本人とは違う顔が世間に広まってしまったケースもあります。

まずは西郷隆盛。教科書でもおなじみの最も有名な肖像画は、ギョロっとした目が印象的で、他の肖像画や銅像のもとになっているといわれます。この絵はエドアルド・キヨッソーネというイタリアの銅版画家の作品ですが、実は隆盛の死後、弟の顔の上半分と従兄の顔の下半分を合わせて描いたものだそうです。

完成品を見た隆盛の妻の反応はかなり微妙で、「主人はこんな人じゃなかった」と言ったとか……。

キヨッソーネは隆盛とは面識がなく、しかも隆盛は顔写真を一枚も残さなかったため、関係者の情報を頼りに想像画を描くしかなかったのです。

本当の顔は、いまだ謎。

そしてもう一人、日本に初めてキリスト教を伝えたスペインの宣教師、フランシスコ・ザビエルの肖像画も、実物とはだいぶ違っていたようです。

特に頭頂部。教科書でも知られるザビエルの肖像画は頭のてっぺんの髪がなく、つるんとしています。これは「トンスラ」というカトリック教会の修道士の髪型で、真ん中を剃るのが特徴だそうです。

ところが、実際のザビエルはトンスラの髪型ではなく、頭頂部にもふさふさと髪が生えていたといわれます。髪があるのとないのとでは、印象はかなり違うでしょう。

実はこの肖像画、ザビエルの没後しばらくたってから、日本人絵師がやはり想像で描いたもの。そのため、宣教師ならトンスラだろうという発想から、違う髪型を描いてしまったのかもしれません。

実際、海外にある他の肖像画を見ると、髪は豊かでしかも端整な顔立ち。ザビエルの本当の姿は、髪ふさふさのイケメン。ちょっと意外ですね。

この通り、西郷隆盛とフランシスコ・ザビエルは、肖像画をめぐって意外な共通項がありました。これらの情報は最近では一般的に広まり、「本当の顔は違う」が新常識になりつつあります。あくまで当人の肖像画なので、本に載せても問題ありませんが、肖像画ではわからない「本当の顔」があることは頭の片隅に置いておくべきでしょう。

## こんな更新、加筆にも注目！

### 「マガリャンイス」って誰？　偉人もネイティブ発音だと意味不明に

アメリカ合衆国の第16代大統領といえば「リンカーン」。これ、昭和世代の常識です。ところが、現代の高校の世界史教科書を開くと……、「リンカン」と書いてあります。リンカーンとリンカン、たった一文字の違いでも、印象が大きく変わりますね。

このように、昨今は、外来語を表記するとき、現地読みに近いネイティブな言い回しを採用する傾向があり、誰もが知っている偉人の名前も、次々と表記が変わっています。

他にも、第26代アメリカ大統領「ルーズベルト」は、「ローズヴェルト」または「ローズヴェルト」に変更。

先祖がオランダ系移民だったことから、英語の「ルー」の発音ではなく、オランダ語の「ロー」の発音を採用したようです。

では、質問の難易度をちょっと上げて、冒頭のクイズ「マガリャンイス」の正体とは？

正解は、そう「マゼラン」。一行が初の世界一周を成し遂げたことで知られるポルトガルの航海者、大航海時代の英雄です（大航海時代：主にポルトガルとスペインによって行われたアフリカ、アジア、アメリカ大陸への大規模な航海や征服・侵略活動が展開された時代）。

二つの名は別人かと思うほど違う印象ですが、マゼランは英語名、マガリャンイスはポルトガル語名で、現在の高校の教科書では、こちらの読みが併記されています。小中学校での導入はこれからですが、徐々に変更されるかもしれません。

新常識を知らないと、子どもが言う偉人を別の人だと勘違いしてしまいかねません。まずは、ここに挙げた代表的な４名から覚えておくと、役立つことがあるでしょう。

## ☑「遣唐使の廃止」が「遣唐使の停止」や「中止」に変わった

「白紙（８９４）に戻す遣唐使」の語呂合わせでも知られるように、８９４年（寛平６年）には「遣唐使廃止」という出来事がありました。

平安時代の前期、約60年ぶりに遣唐使派遣が計画され、菅原道真が大使に任命されますが、当の道真がこれを拒み、朝廷に再検討を促す文書を提出したのです。そして、計画は実行されないまま、遣唐使は終焉を迎えます。

旧教科書ではこの時点を「遣唐使廃止」としていましたが、今は「廃止」ではなく、「停止」や「中止」とする教科書が増えてきています。

表現を変えたワケとは？

当時の状況から、実際は廃止を決定したというわけではなく、先送りするうちに自然消滅したという方が適切ではないかとの見方が強まったのです。

道真が遣唐使派遣を拒んだ理由は「唐で内乱が続いていたこと」と「航海中に命を落とす危険があること」で、とにかく命がけの航海だということを訴えています。しかも、このころには唐の商人が貿易でたびたび日本を訪れるようになり、海を渡らなくても唐の文化を学ぶ機会も増えていました。あえて危険を冒してまで強行する理由がなかったのかもしれません。結局、遣唐使を派遣するかしないかを誰も明言しないまま、道真が左遷されてしまったり、唐が衰退したりで、自然に計画が流れてしまったようです。

以前の教科書では、「遣唐使廃止によって中国の影響が弱まり、日本独自の文化が興隆した」というとらえ方でしたが、実際は、遣唐使が中止されても、日中の人とモノの交流は続いていたので、今は「中国文化の影響を受けながら国風文化が熟成された」という見解が記述されています。

## ☑印象が薄かった「室町時代」の解説が詳細になった

小学校の歴史の授業では昨今、「表現活動」に重きが置かれています。

興味のあるテーマを自ら調べ、発表し、意見を交換し、体験しながら学ぶことをすすめているのです。そこで、表現活動がスムーズになるよう、教科書にも調べ方や発表のコツなど、具体的なやり方が示され、体験学習の解説も充実しています。

たとえば、リアル感を出すために体験レポートを掲載するなど、教科書ごとに多彩な工夫が見られます。見て「これ、やってみたい」と思える構成になっているのです。

その体験学習テーマとしてよく取り上げられるのが「室町文化」です。

室町時代は足利尊氏が立ち上げた武家政権ですが、旧教科書だと何となく地味な印象。他の時代に比べて将軍の権力が弱く、特筆すべき出来事が少なかったこともあるでしょう。ただし、文化史から眺めると、この時代には表現活動のネタが盛りだくさん。室町幕府は京都にあったため、公家の文化と武家の文化が溶け合う一方、中国の影響もあって独自の優美な文化が育まれたのです。

たとえば、足利義満の別荘として建てられた金閣寺、足利義政の別荘だった銀閣寺といった建築物は室町文化の象徴。キラキラの金閣寺と地味で趣のある銀閣は対照的で、どちらも世界文化遺産に登録されています。そして、禅宗の僧だった雪舟が描いた水墨画、茶の湯、生け花、能・狂言などの芸能も室町時代に盛んになった文化で、現代まで続いているものばかりです。

これらの内容は旧教科書でも記述されていましたが、体験を重視した今の教科書で学べば、見て、触れて、楽しんで、記憶にも刻まれやすいでしょう。今後、歴史好きな子どもが増えていくのかもしれません。

## ☑江戸の「リサイクル」や「ファストフード」がコラムで注目

今、歴史教科書のコラムなどでよく取り上げられるのが「江戸のリサイクル社会」の話題です。旧教科書ではあまり見られませんでしたが、エコへの関心の高まりと共に、欠かせないテーマとなっています。江戸時代は使えるものは何でも使いまわし、「とことん使い切る」のが常識で、その発想からは学ぶことが多いのです。

同じ「江戸のエコ」でも教科書によって扱い方はさまざまですが、定番のネタといえば江戸のリサイクル業者の話。当時はごみを回収したり再生したりする多くの専門業者がいて、道端のごみでさえ利用したため、町がとても清潔だったといわれます。

回収業では、今のチリ紙交換業に当たる「紙くず買い」、紙くずを集める「紙くず拾い」をはじめ、「傘の古骨買い」「ほうき買い」「古着屋」……と多種多様で、究極はかまどの灰を買い集める「灰買い」。モノを燃やしたあとに残る灰さえも、肥料として再利用したわけで、まさに究極のリサイクル社会でした。

一方、修理や再生業では、すり減った下駄の歯を交換する「下駄の歯入れ屋」、鍋や釜などの修理をする「鋳かけ屋」「瀬戸物の焼き接《つ》ぎ」「提灯《ちょうちん》の張り替え」などがあり、これらを具体的に紹介する教科書もあれば、排泄《はいせつ》物さえ大切な肥料として再利用したことを図解入りで見せる教科書もあります。

現代は使い捨てが多いので、これを見た子どもたちは「へ〜」と思うことでしょう。

他に、よくコラムで取り上げるのが「江戸のファストフード」の話題。

当時の三大ファストフードといえば「すし、天ぷら、そば」で、江戸の町はこれらの屋台で大いに賑わっていたことなどが紹介されています。3つのメニューは今も和食の代表ですから、江戸の人々の暮らしを身近に感じることができるでしょう。

歴史教科書のコラムはそのときどきの話題や流行に合った内容が選ばれるので、時代を映す鏡だともいえそうです。

## 新しい高校の日本史教科書に「吉原」が登場！

江戸時代、「悪所《あくしょ》」と呼ばれる二つの場所があったこと、ご存じでしょうか？　その場所とは、「芝居小屋」と「遊郭」です。

一つ目の歌舞伎の芝居小屋については、新旧の教科書で掲載していますが、二つ目の遊郭は、その性質から、これまで目立った取り上げ方はしていませんでした。ところが、2012年（平成24年）度検定の高校の日本史教科書に、「吉原」と「遊女」の話題が堂々と登場したのです。

過去の教科書にも吉原の記述はありましたがあくまで短文で、公認の遊郭が日本橋葺屋《ふきや》町《ちょう》（現・日本橋人形町）にあったこと、明暦の大火以降、浅草に移転した事実などが淡々と記されている程度でした。ところが、新しい教科書では、吉原の由来や当時の遊女たちの状況までを掘り下げて書いているのが大きな変化です。

しかも、非公認の私娼《ししょう》たちが集まる「岡場所」があったことや、遊女の多くが遊郭から一歩も出ないまま生涯を終えたことにまで言及しているのです。

「えっ、教科書でここまで書くの⁉」とちょっと驚く方もいるでしょう。踏み込んだ記述になっているのは、この教科書が、各時代の「女性の社会史」をコラムで掲載し、近世の項目として「江戸時代の遊女」を取り上げたからです。社会史の中の女性がテーマなので、あえて当時の遊女たちが置かれた厳しい立場を伝えたのでしょう。

「生まれては苦界《くがい》　死しては浄閑寺《じょうかんじ》」

これは、コラムの冒頭の言葉。実は、遊女たちの「投げ込み寺」としても知られる浄閑寺（東京都荒川区）の供養塔に刻まれた川柳です。

「苦界」とは、苦しみの多い世界。人身売買、生活困窮の果てに遊郭に送られた遊女たちの苦しい境遇を表しています。このコラムを読んだ高校生たちは、さて、何を思うのでしょうか。

## 本人もあの世で驚愕!? ころころ変わる人物評や出自の表現

### 「農民の子」が定説だった豊臣秀吉の出自が謎めいてきた

天下統一を果たした戦国武将、豊臣秀吉のことは誰もが知っているとしても、その出自については謎が多く、意外と知られていません。

秀吉はどこからやって来たのか？

その答えですが、旧教科書では一様に「農民の子」と記されていました。

最近はそれが少し変化し、小学校の教科書では「百姓・農民の出身」と「身分の低い武士の子」の二通りの記述が見られます。いったいどちらが本当なのでしょう？

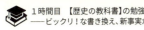

では、中学、高校の教科書はどうなっているかというと、農民や武士という言葉を省いて、単に「身分の低い家の出身」としたり、あえて出自に触れなかったりするものもあります。つまり、それくらい本当のことがわからないのです。

江戸時代に書かれた伝記『太閤素生記《たいこうすじょうき》』によると、秀吉は尾張国《おわりのくに》愛知郡（現在の名古屋市中村区）で生まれ、父は木下弥右衛門《きのしたやえもん》、母はなか（のちの大政所《おおまんどころ》）となっています。ただ、弥右衛門の素性が明らかでなく、足軽とも農民とも、その下の階層ともいわれ、はっきりしません。史料に矛盾点もあることから、近年は弥右衛門が架空の人物だという指摘さえあります。

他に、「母の再婚相手が秀吉の実父」とする説、「下層民の子で父母の名前はどちらも不明」とする説もあり、知ろうとするほど謎が深まる感じです。

天下人にもなった大人物の出所が不明とは釈然としませんが、これは、秀吉自身が出自をベールに包み、自らを神話化しようとしたためともいわれます。今の状況は秀吉の狙い通りなのかもしれません。

## 「家康の排斥を謀った石田三成」の悪役イメージが塗り変わっていた

関ヶ原の戦いのとき、西軍の総大将は毛利輝元で、石田三成は奉行職も解雇されていたことは前述した通りです。

その三成の人柄については、何となく「嫌われ者」のイメージがつきまといます。実際、旧教科書には、三成側が「悪役」だと感じるのも仕方がないような記述も見られます。たとえば80年代の教科書では、

「五奉行の一人石田三成は、小西行長らと謀って家康の排斥をくわだてて挙兵し」のように書かれています。

では、最近の教科書はどう書いているかというと、

「豊臣政権を存続させようとする石田三成と家康との対立が表面化し」

というように、三成の秀吉への忠誠心を示す表現に変わっています。これだと、三成側に不利な印象はありません。

さらに、秀吉亡きあとの状況説明として、豊臣政権末期からの五大老、五奉行を中心に政治が行われ、幼かった秀頼を支えたこと、その中で権力を持った五大老の一人である家

康と、豊臣政権を維持したい三成らが対立したことなど、政権の内部争いから合戦に至る経緯が記されています。

これで、三成も汚名返上。たった数行で、読み手に与える印象はガラッと変わるのです。先入観を取り外して歴史的事件を観察してみると、面白い発見があります。

## ☑暴君とされていた徳川綱吉は、「慈愛の政治」をした好人物に格上げ

歴史教科書の登場人物の中でも、この数十年で評価がグッと上がったのが江戸幕府の五代将軍、徳川綱吉です。歴史研究家も「評価がこれほど変わる人物も珍しい」と驚愕するほど、見事にイメージチェンジしています。

綱吉といえば「生類憐《しょうるいあわれ》み の令《れい》」がよく知られています。殺生を禁止したこの法令は、「天下の悪法」と酷評され、以前は教科書の中でも悪いイメージが定着していました。その証拠に、80年代の教科書には、

「生類憐みの令を出して犬や鳥獣の保護を命じ、それを厳しく励行させたため、庶民の不満をつのらせた」

というような記述で紹介されています。他にも、「綱吉は贅沢な生活をするようになり、仏教への信仰から多くの寺社の造営・修理を行い、幕府の財政を急速に悪化させた」など、一見して否定的な記述が目立ちます。

ところが、現在の教科書では天下の善人へと大変身。

「犬を大切に扱ったことから、野犬が横行する殺伐とした状態は消えた」

というように、ガラッと変わっています。しかも、「綱吉の政権による慈愛の政治」とまで評価されているので、当の綱吉もあの世で笑っているかもしれません。

これほど表現が改まった背景には、法令の解釈が変わったことがあります。

綱吉が「犬公方《いぬくぼう》」や「お犬様」と呼ばれたように、「生類憐みの令」は犬を過剰に保護したイメージがありますが、実は保護の対象は犬に限りません。小さな虫にいたるまであらゆる生き物、人間の子ども、老人、病人などの社会的弱者も含まれていたのです。昨今、その本質がようやく理解されてきたのでしょう。

綱吉の時代、天下統一から80年あまりが経過して表向きは平和でしたが、まだ戦国時代の荒々しさが残っており、人々はすぐ争って殺し合うような風潮がありました。

学問を愛するインテリだった綱吉は、その状況を何とか変えたいと思い、国民のモラル向上のため、「殺生はよくない」というスローガンを掲げて真に平和な世の中を築こうとした、というわけです。

つまり、綱吉は日本人の意識の大転換をはかったことになります。

ところが、当時としてはなかなか受け入れがたい価値観で、誤った解釈が広まったと考えられています。一つの法令も、見る角度によってよくも悪くもとれるのです。

## ☑賄賂まみれの政治家・田沼意次は「積極的な経済活動を促した人」に

田沼意次《おきつぐ》といえば、これまで「賄賂」の二文字がつきまとっていました。

過去の教科書では「賄賂まみれの悪徳政治家」といった負のイメージを強調していたので、昭和世代の多くが今もそのような印象を持っているかもしれません。

実際はどんな人物かというと、先見の明をもった有能な政治家で、スピード出世で江戸幕府の最高職である老中まで上り詰めています。9代将軍の徳川家重と10代将軍家治に仕え、将軍から厚い信頼を得て「田沼政治」と呼ばれる財政改革をした立役者です。

田沼政治の目的は一つ、幕府の財政赤字を食い止めること。策として、これまでのように農民からの年貢収入に頼らず、商業を重視した政策に乗り出したのです。昨今の教科書は、その画期的な経済政策に軸を置いた記述になっています。

この時代、賄賂が横行したことはたしかですが、田沼自身が賄賂好きだったりそれをあおったりしたわけではありません。行ったのは、あくまで財政危機を救うための経済活動。改革の一環として、商人から税をとる目的で株仲間の結成を奨励しています。

株仲間とは幕府から営業の独占権を与えられた商人の集まりで、特権を与える代わりに税をとったのです。その結果、株仲間の承認を得たい商人が幕臣に賄賂を渡すようになり、それが頻繁に行われるようになったというのが真相のようです。結果的に、改革の先頭に立った田沼が汚名を着せられてしまったのでしょう。

通説から離れてみると、田沼の改革の積極性はリーダーに不可欠のもの。最近は教科書や授業でも田沼政治には複数の解釈があることを伝え、生徒にもいろいろな角度から考えさせるようになっています。

2 時間目

# 【理科・算数の教科書】の勉強

## ――昭和世代が青ざめる理数の新常識とは？

# 見た目も中身もどんどん変わる！　理科の新常識

## 大判でカラーページ多数。見て楽しい今どきの理科教科書

「ゆとり教育」から「脱ゆとり教育」に流れが変わる中、全般に教科書のページ数が増え、小学校の教科書が「戦後最大レベル」の厚みになったことは序章でもお伝えした通り。中でもそれが顕著なのが理科の教科書です。

以前は4～6年生のほとんどの教科書が上下巻に分かれていましたが、平成27年度からすべての出版社が上下巻を合本し、一冊にしています。そのため、一見して分厚い。27年度版は23年度と比べても10％増量だそうで、ランドセルの中でも存在感がありそうです。しかも、判型も横幅の広いワイド版になったので、写真やイラストが大きく、見た目に豪華版という印象です。

その点は中学校の理科の教科書も同じ。ずっしり厚みがあり、図や写真、実験の内容も多彩なので、大人が見ても「目にも楽しい本」です。

中には、「教科書の使い方ページ」を設け、観察や実験、それをまとめるプロセスを手取り足取りていねいに解説しているものもあります。これは旧教科書では見られなかった親切さ。新学習指導要領は、繰り返し学ぶ「振り返り学習」や、自ら学ぶ「調べ学習」、筋道を立てて説明する「言語活動」を重視しているので、「これ、試してみたい！」と、思わせる工夫があちこちに施されているのです。

## 2006年から冥王星が惑星の仲間から脱退していた

太陽のまわりを公転する大型の天体を「惑星」といいますが、今、理科の教科書には太陽系の惑星は「8つ」記されています。その天体名とは？

太陽から近い順に水星、金星、地球、火星、木星、土星、天王星、海王星が正解。ここで「あと一つ足りない」と思った方、その記憶、間違いではありません。

昭和世代が使っていた教科書には、太陽系の惑星として「9つ」の天体名が載っていました。では、一つ除外された惑星は何かというと、いちばん外側を回っていた「冥王星」。なぜ、冥王星は太陽系の惑星の仲間からはずれたのでしょう？

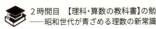

理由は、２００６年8月に開かれた国際会議で惑星の新定義が決まったからです。その定義とは次の３つ。

１　太陽のまわりをまわっていること
２　十分重く、重力が強いため丸い形をしていること
３　まわりに同じような大きさの天体が存在しないこと

冥王星の場合、近くにより大きな天体が発見されたため、「3」の定義で引っかかり、「準惑星」という扱いに変わったのです。

こうした経緯があるため、最新版の教科書で冥王星は「太陽系外縁天体」、つまり太陽系の外側をまわっている天体として紹介され、傍注で「惑星の新定義」についての補足説明がされています。平成24年度教科書からの変更なので、ごく最近です。

太陽系外縁天体は１５００以上あるといわれ、今、冥王星はその代表格として存在しているのです。

## 富士山はかつて「休火山」→今「活火山」

「富士山は休火山と活火山、どっち？」

と聞かれたら、あなたはどう答えますか？

「教科書では休火山と習ったけど……」と思った方、その「休火山」という言葉、残念ながら現在は使われていません。また、活火山の定義が変わり、今の教科書では「富士山は活火山」と教えているのです。

以前は、噴火活動中の火山を「活火山」、噴火していない火山のうち過去に噴火記録があるものは「休火山」、記録がなければ「死火山」と呼んでいました。ですが、火山活動の寿命はヒトよりずっと長いため、数百年や数千年程度の休眠で「休火山」とするのはどうか、と異論が唱えられ、1950年代から再検討が始まったのです。

そして、2003年（平成15年）には、長く休眠中でも1万年以内に噴火した履歴があれば「活火山」と呼ぶことが決定。火山噴火予知連絡会が「過去1万年以内に噴火した火山、および現在活発な噴気活動のある火山を活火山とする」という新たな定義を設けたのです。こうして、富士山も晴れて活火山に確定したというわけです。

現在、火山の呼称は「活火山」か、「活火山でない火山」の二通りの分類になったので、「休火山」や「死火山」はすでに死語になっています。

参考までに、2017年（平成29年）現在、日本の活火山は111選定されています。

それにしても、〝1万歳〟まで生きるとは、火山の生命力はすごいですね。

## ✓「哺乳類は爬虫類から進化した」は昔の常識

私たち人間は、生物学の分類では哺乳類に属することは周知の通り。母乳で子どもを育てること、体毛があること、横隔膜があることなどがその特徴で、チンパンジーもクマも、ライオンも、キリンも、みんな仲間です。

では、そのルーツとは？

つい最近まで、教科書には「哺乳類は爬《は》虫《ちゅう》類から進化した」と書かれていました。つまり、トカゲやワニに代表される爬虫類がルーツだと教えられていたのですが、最新の教科書ではそのような記述をしていません。近年の研究によると哺乳類と爬虫類は別物で、「両生類から哺乳類と爬虫類が分かれ、爬虫類から変化したのが鳥類」という説が有力になってきたからです。

つまり、「哺乳類のルーツは両生類」が新常識。

爬虫類のルーツも同じ両性類ですから、哺乳類と爬虫類は親戚のような関係といえるのかもしれません。

両性類とは簡単に言えばカエルの仲間で、魚から進化して初めて陸上に上がった生物群と考えられています。体表に鱗《うろこ》や体毛がなく、つるんとした柔らかい皮膚が特徴で、陸上だけでなく水辺にも生息します。爬虫類は両生類と似ているように見えますが、陸上を素早く移動する生き物で、体表が硬い鱗でおおわれています。

参考までに、ヤモリは爬虫類、イモリは両生類。似て非なる生き物の代表です。

## ☑耳慣れない元素記号がどっと増えた

「スイ・ヘイ・リー・ベ・ボ・ク・ノ・フ・ネ……」

これは、理科の元素記号を覚えるときの有名な語呂合わせ。試験勉強のとき、お世話になった記憶、ありませんか？

元素とは物質のもとになっている最小の成分のことで、世の中のすべての物質は元素をベースにつくられています。高校の物理や化学の教科書には「元素記号表」が載っていて、それぞれの元素には「原子番号」という通し番号がついていましたね。

では、「スイ・ヘイ・リー・ベ……」で1〜10番の元素名をちょっと復習。

1番から順に、スイ＝H（水素）、ヘイ＝He（ヘリウム）、リー＝Li（リチウム）、ベ＝Be（ベリリウム）、ボ＝B（ホウ素）、ク＝C（炭素）、ノ＝N（窒素）とO（酸素）、フ＝F（フッ素）、ネ＝Ne（ネオン）が正解です。

元素記号は100個以上ありますが、語呂合わせを用いれば、最初の10〜20個程度は記憶しやすいのではないでしょうか。

現在の教科書にも同様の元素記号表が載っていますが、変わったのは数。新たに発見された元素が次々仲間入りし、1989年の教科書から数えると11個増えています。

新しい元素記号の名は、ラザホージウム（104番　Rf）、ドブニウム（105番　Db）、シーボーギウム（106番　Sg）など。舌をかみそうな名前ばかりですね。

最近になってさらに4元素が登録されたので、今後も周期表の元素の数は増え続けそうです。覚えるだけで頭のトレーニングになりそうですね。やる気のある方は、全記号の記憶にぜひチャレンジしてみましょう。

## ひと昔前まで植物の仲間だった藻類は今、「原生生物」に

生物の科目が得意だった人ほど、今の教科書の「藻類」の表記に驚くかもしれません。ひと昔前は「藻類は植物の仲間」と紹介されていましたが、現在は「原生生物」に変わっているのです。

生物の分類にはさまざまなとらえ方があり、「光合成をして自前で栄養をとる生物」を植物とするなら、藻類も植物の仲間になります。ですが、細胞や形態の違いから見ると、高等植物とは根本的な違いがあるため、近年、分類の見直しが進んだのです。

「藻類＝原生生物」という新常識の基本には、「五界説」があります。

これは、すべての生物を「動物界、植物界、原核生物（モネラ）界、原生生物界、菌界」の5つに分ける考え方。五界説ではコケ植物、シダ植物、種子植物などの陸上生物をひとくくりに「植物界」としているので、水中生活を営む藻類ははずれることになります。酵

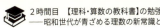

母、粘菌、アメーバやゾウリムシなど、「原生生物」の仲間に入れるのが適切だとなったワケです。

原生生物という言葉だけだと正体がつかみづらいですが、これらは、「細胞核」と呼ばれる細胞器官を持ち、菌界、植物界、動物界のどれにも属さない生物のまとまりなのです。

一方、「細胞核」を持たない細菌などは「原核生物界」に、カビ、キノコなどの真菌類は「菌界」に分類されます。

生物のどこをどうとらえるかによって、分類体系も変わってくるのです。

## ☑日本周辺に4つあった「気団」の扱いが変わった

じめじめした梅雨、秋の長雨、夏の蒸し暑さなど、四季折々の日本の気候を生み出している主な要因が「気団」。

「気団」とは、「移動しない、または移動しにくい停滞性の大規模な高気圧」と定義されており、地域特有の気候や気象現象を生み出しています。

では、日本列島付近にある気団（つまり停滞性の高気圧）とは？

旧教科書には、「シベリア気団、小笠原気団、オホーツク気団、揚子江気団」の4つの気団名が記されていましたが、最近の教科書ではちょっとした変化が。ほとんどの教科書が揚子江気団の名を外し、他の3つの気団名だけを掲載しています。現在の気象学の考え方だと、揚子江気団は定義からはずれることになるからです。

今はちょうど過渡期で、教科書ごとにさまざまな解釈があり、「揚子江気団はシベリア高気圧の一部が温暖化し、偏西風などの影響で分離したもの」という考え方がある一方、少数とはいえ従来通り4つの気団名を掲載している教科書もあります。現状では、揚子江気団は微妙な立ち位置にあるのです。

## 知っていると役立つ、理科の記号の新常識

### リットルの表記は「ℓ」から「L」へ

昭和生まれの大人たちは、子どもの「リットル」の書き方を見て違和感を覚えるかもしれません。でも、口に出す前に教科書をチェックしてみましょう。

今、リットルの表記は大文字の「L」が常識です。

昭和世代は「ℓ」つまり筆記体の斜体（小文字）を使っていましたが、いつの間にか変わっているのです。これは世界標準「国際単位系（SI）」の表記に合わせた結果。もともと「ℓ」は国際的には非公式な表記だったことと、小文字の「l」だとアラビア数字の「1」と似ていて紛らわしいことから、まっすぐな書体の「L」が採用となったわけです。日本では2006年から高校の教科書で「L」に変更され、小中学校でも歩調を合わせて変えてきました。

つまり、ミリリットルは「mL」、デシリットルは「dL」が正解。

ただし、ℓでも1でも誤りではないので、答案用紙に書いても、バツではありません。大人が表記を直す必要はありませんが、新旧の違いを知っていると、若い世代の「L」の表記を見ても変に思わないでしょう。

## 力の単位をあらわす「N（ニュートン）」が平成14年から登場

ゆとり教育が実施された2002年（平成14年）、中学の理科の教科書に初登場したのが「N（ニュートン）」という単位。〝ゆとり〟で薄くなった教科書に、一見「何だろう？」という記号が登場したのです。

この「N（ニュートン）」とは力の大きさをあらわす単位のこと。

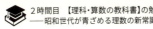

それ以前は、力の大きさは「g重」や「kg重」という単位を使っていましたが、ここでもやはり、世界標準の「国際単位系（SI）」に合わせよう、ということになったのです。「キログラムじゅう」と聞けば、旧教科書で習った人は「あぁ、あの単位のことか」と思い出すのではないでしょうか。

「力の大きさ」というと、感覚的にはわかりづらいかもしれませんが、

「地球上で約100gの物体にはたらく重力の大きさを1Nとする」というように教科書では説明されています。

たとえば、あなたが「よいしょ」とダンベルを持ち上げると、「重い」と感じますよね。これは地球がダンベルを引っ張るからで、そこに重力が働いているのです。この引っ張る力をあらわす単位がN（ニュートン）なのです。

理科の世界ではモノの量は「質量」、そこに働く力を「重力」（N／ニュートン）として区別するのです。

## ☑「時はh」で「秒はs」。速さの単位などで使う時間の表記も更新

もう一つ、最近の教科書検定で表記変更されたのが「速さ」の単位です。

前述した通り、教科書の単位表記は「国際単位系（SI）」に従うのが原則ですが、従来の中学校の教科書では、速さの単位は「秒」や「時」を使っていました。「わかりやすさ優先」だったわけです。

たとえば、「時間あたり何キロメートル進むか？」をあらわす「キロメートル毎時（時

速◎◎キロメートル)」は「km／時」。「メートル毎秒」なら「m／秒」、「センチメートル毎秒」なら「cm／秒」と表記していたのです。

今はこれらをSIの表示に変換し、時は「h」、分は「m·i n」、秒は「s」にしています。つまり、

「km／時(キロメートル毎時)」は↓「km／h」

「m／分(メートル毎分)」は↓「m／m·i n」

「m／秒(メートル毎秒)」は↓「m／s」

「cm／秒(センチメートル毎秒)」は↓「cm／s」

と書くわけです。「分」をあらわす「m·i n」については、複雑にならないよう扱わない教科書もあるようです。

速さの単位はスピードメーターなどにも表示されるので、大人になっても生活に役立つ表記です。見て「?·?·?」とならないよう、覚えておきましょう。

# 新常識の「言い方」あれこれ

## ☑植物から最初に出る葉の名称は「ふたば」から「子葉」に

理科の用語は、教科書の改訂のたびに細かな変更があります。「学習指導要領」や「学術用語集」などで示す表記に合わせたり、よりわかりやすい言い方に修正されたりしていくのです。多くの教科書に共通する最近の変更点をピックアップしてみましょう。

まずは小学校3年で習う簡単な用語の話題から。

以前は「ふたば（双葉）」と教えていた用語が、今は「子葉（しよう）」に変わっています。

子葉とは、植物が芽を出したとき最初に出る葉のこと。この言葉に慣れないお母さんたちは、子どもの教材を見て「何、これ？」と戸惑うようです。

なぜ「ふたば」から「しよう」に変わったのでしょう？

理由をひと言でいえば、最初の葉はすべてが双葉（2枚）というわけではないからです。細かく見ていくと、トウモロコシやネギなどは葉が1枚なので「単子葉類」、アサガオやヘチマなど、葉が2枚のものは「双子葉類」と分類されています。

そのため、「最初に出る葉」は「子葉」で統一した方がすっきり理解できるでしょう。単子葉類と双子葉類については中学で学習するので、小学校で「子葉」という用語に慣れておけば、次の学習にもつなげやすくなるのです。

## 子葉の次に出てくる大人の葉は「本葉」から「葉」へ

生まれたての葉っぱが子葉なら、そのあとに出てくる大人の葉が「本葉」。文字通り本当の葉っぱのことです。

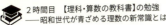

読み方は、「子葉（しよう）」に対しては「本葉（ほんよう）」、「双葉（ふたば）」に対しては「本葉（ほんば）」と読むこともあります。

最近は、これまで「本葉」としていたものを、シンプルに「葉」の表記に変える教科書もあります。「葉」は日常的によく使われる言葉なので、文字を見てすぐ理解することができるでしょう。

また、中学の理科の教科書で、最近変わった用語もご紹介。

以前は「花びら」だった表記が、今は「花べん（花弁）」に変わっています。両方とも「花を構成する花葉」を指す言葉なので、どちらでも間違いではありませんが、「花弁」だと生物学的な印象になりますね。

## 「ブドウ糖2分子のもの」は、「麦芽糖」にすっきり変更

水あめの主成分で、マルトースとも呼ばれるのが「麦芽糖」。さつまいもなどに多く含まれ、焼き芋の美味しさの秘密でもあります。理科の教科書

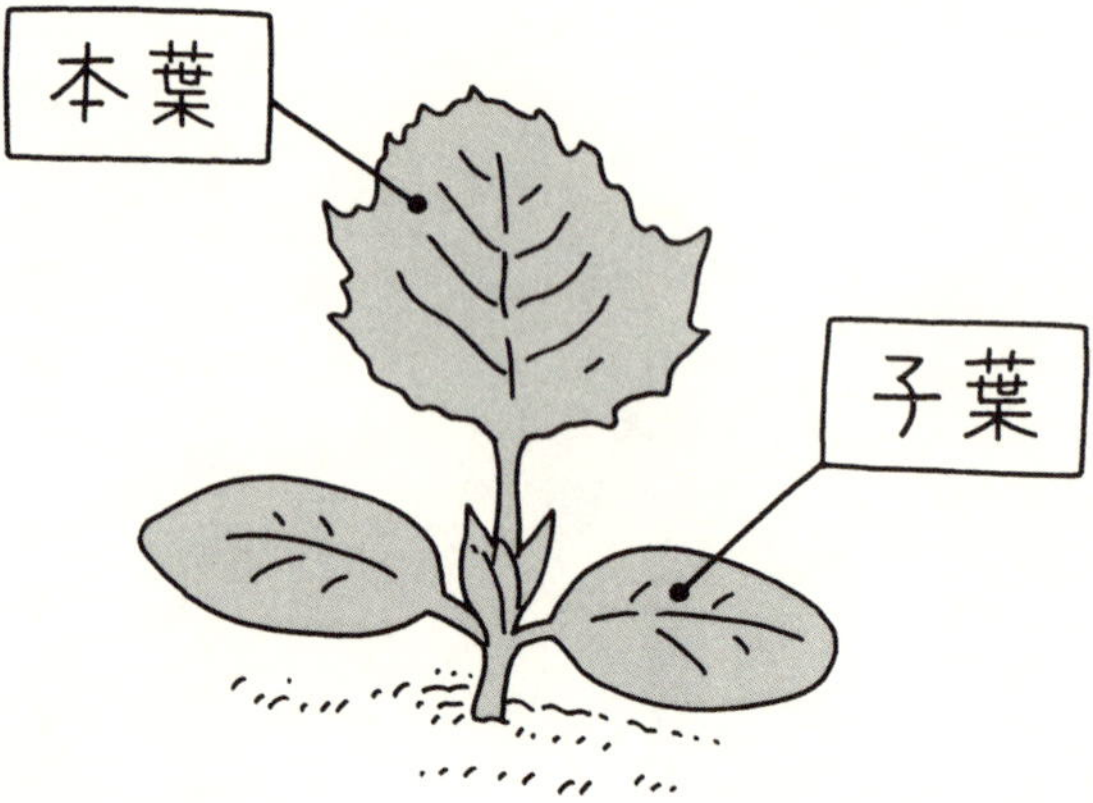

では、これまで「ブドウ糖などが2分子結びついたもの」「ブドウ糖2分子のもの」のような化学的な説明をしていましたが、文章がまわりくどく理解しづらいとして多くの教科書が表記の変更を検討。

「麦芽糖」や「ブドウ糖が二つ結合したものが麦芽糖」などと書き換えられています。たしかに、ストレートな表現だとスッと頭に入ってきそうですね。

## 脂肪が消化されてできる「脂肪酸とグリセリン」が別の名前に

グリセリンとモノグリセリド、よく似た化学物質の勉強をちょっと。

従来は、脂肪が消化されてできる分解産物といえば「脂肪酸とグリセリン」が常識でしたが、今は「脂肪酸とモノグリセリド」に変わっています。新事実の解明で、ごく最近の平成24年度の教科書から表記が変わっています。

モノグリセリドは、「グリセリン1分子に脂肪酸1分子がくっついた状態」で、二つの物質の違いは「脂肪酸1分子」があるかないかということになります。

## ☑雲仙普賢岳から生まれた溶岩ドームは「平成新山」

長崎県の「雲仙普賢岳」といえば、昭和世代は1991年のあの大火砕流を連想する人も多いでしょう。

普賢岳は、「雲仙岳」と呼ばれる火山郡の一つ。そして、「平成新山」は、普賢岳の大規模な火山活動で新たに形成された溶岩ドーム（溶岩円頂丘）のことです。火口からどーんと噴き出した溶岩が冷えて固まり、新たな山が生まれたわけで、今ここが雲仙岳の最高峰です。そのため、この新山を指すときは、気象庁や国土地理院などの表記に合わせて「平成新山」としています。

普賢岳から生まれた別の山が平成新山。昔の教科書にはなかった名称なので、新たにインプットしておきましょう。

## ☑「浸食」から「侵食」へ。この違い、わかりますか？

複数あって、どちらも正しいようにみえる漢字のつづりに悩むことはありませんか？

理科の地理分野でよく使われる「しんしょく」もその一つ。漢字にすると、「浸食」と「侵食」の二通りがあります。

教科書の表記はどうなっているかというと、現在は中学、高校ともに「侵食」で統一されています。平成に入って、それまで使っていた「浸食」を「侵食」に変えたのですが、その背景には、教科書が参考にしている文部科学省の「学術用語集」の表記変更がありました。この用語集の「地理編」では、昭和59年度発行のものから「浸食」を「侵食」に変えたため、教科書もそれに合わせたわけです。

あえて「侵」を使ったのは、「水の力が陸地を削り取る」というダイナミックな働きを示すときは「侵（おか）す」の方が適切との判断があったようです。「浸」だと、「しみ込む、ひたす」という意味があり、地理や地理学で重視する「削り取る」という意味合いが伝わりづらいのでしょう。

ただし、国語辞典などは、今も「浸食」を使っているものも多く、どちらも正解です。ちょっとしたニュアンスの違いを知って使っていきましょう。

## 理科実験の新常識、時代がわかる新情報にも注目！

### 「カエル or フナの解剖」をやる学校はレアケースに

理科の授業で欠かせないのが実験です。小学校なら、磁石を使って砂鉄を集めたり、虫メガネや顕微鏡でミクロの世界を観察したり、リトマス試験紙で水溶液の性質を調べたり、いくつもの実験をしたと思います。

中でも印象に残っている実験は？

この質問をすると「フナやカエルの解剖」と答える人が多いです。

昭和世代はどうしても避けて通れなかった、あのちょっとドキドキした実験。学校によって多少の違いはあったものの、1970年代の小学校はフナ、中学校はカエルの解剖が定番でした。いずれも「生き物にメスを入れる」という抵抗感や、解剖した生き物の姿がリアルすぎて記憶に焼きついているようです。当時を振り返って、

「悲鳴をあげる子もいたけど、いざとなると女子の方が肝がすわっていたし、手際もよか

った」

「解剖のあとの給食の魚が食べられなかった」

などの声も。たしかにちょっとしたショック状態に陥る子どももいましたが、あえて解剖実験をしたのは、「生き物の体のつくりや働きを、人体と関連づけて理解させる」という確固たる目的があったからです。

現在は、大多数の学校で解剖実験を行わなくなっています。教科書で見るだけで実際にはやらないか、先生が解剖するのを見学する程度だそうです。今の子どもたちは野外で自然と触れ合う機会も減っているので、いきなり生き物の解剖となると刺激が強すぎるということになっているのでしょう。先生自身も

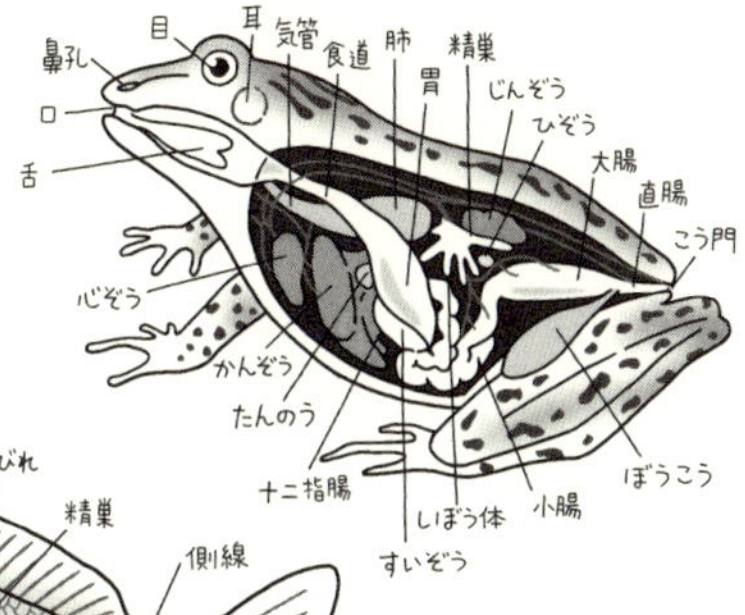


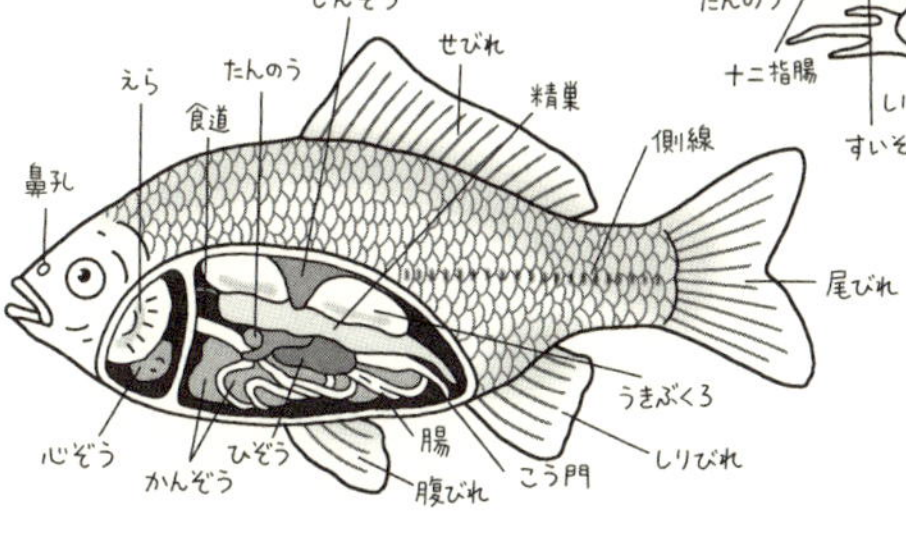

若い世代ほど嫌がるようで、解剖実験は消滅する運命にあるようです。

## ☑なつかしの実験器具アルコールランプが消えようとしている

最近は、実験で使う器具にも変化が見られます。

たとえば、理科の実験といえばかつては「アルコールランプ」がおなじみでした。ビーカーに入れた水をアルコールランプで温めたこと、覚えていますか？

アルコールにひたされた芯に火をつけたり、キャップをかぶせて火を消したりしたことはなつかしい思い出だという方も多いでしょう。ごく最近までは活用されていたものの、今はほとんど使われなくなっています。ここにきて「アルコールランプ使用停止」の動きが加速したのです。

理由は、ずばり危険だから。

・児童や生徒が実験中にランプを倒したり、落としたりする可能性がある
・アルコールの量が減ると、ランプの中でアルコールが気化して爆発する危険性がある

など、実は火傷や火事のリスクを伴うことがわかり、実験室から姿を消すようになったのです。

今、アルコールランプの代わりに活躍しているのはボンベ式のガスコンロ。イメージとしては家庭で使うカセットコンロのようなもので、これなら倒れる心配もないし、火をつけるのも簡単。しかも火力が強いので、早く沸騰させることができるというメリットも。やはり実験観察も安全第一で環境づくりが行われているのです。

## 学校の校庭にあった「百葉箱」も影が薄くなった

理科の時間には、屋外でもさまざまな実験観察が行われます。

小学校の学級花壇でアサガオなどの植物を育てたり、うさぎや鳥類を飼って生き物の成長を観察したりすることは、今も昔も変わりません。

もう一つ、昭和世代にとってなつかしい観察ツールといえば、校庭の片隅にあった白い箱。そう「百葉箱」、覚えていますか？

「そういえば、そんなのあったっけ……！」。忘れかけていた記憶が蘇ってきたでしょうか。

小学校理科での読み方は、一般に「ひゃくようばこ」ですが、「ひゃくようそう」とも読みます。では、その百葉箱の役割とは？

当時は、「これ何だろう？」と不思議に思っていたかもしれませんが、あの箱は地上の気象観測用に置かれたもの。その特徴は次の通りです。

・中に「温度計」と「乾湿計（湿度と温度を同時に測定できる）」などが入っている
・外側を白く塗り、日光を反射しやすくしている
・風通しをよくするよろい戸がある
・観測中に直射日光が当たらないよう、扉を北向きに設置してある

こうした工夫により、雨風や日光の影響を受けずに正確に気温が測れるわけで、形、色、設置場所すべてに意味があったのです。

百葉箱は、1874年にイギリスから導入され、1950年代から全国の小学校の校庭に設置されるようになりましたが、第二次世界大戦前から設置が始まっていたそうで、長いこと小学校の校庭には欠かせない存在だったのです。

今では気象台での観測には使用されていませんが、小学校では継続して理科の観察に使用しているところもあるそうです。とはいえ、老朽化が進んで取り壊してしまうところも少なくないとか。少しずつ存在感が薄くなっていくのがわかります。

## 小5理科に未来の乗り物「リニア中央新幹線」が登場！

教科書には、その時代ごとにニュース性の高い話題も取り上げられますが、小5の理科では、早くも「リニア中央新幹線」が登場しています。

2027年に東京―名古屋間で開通予定のこのリニア中央新幹線、魅力はなんといってもその速さ。時速500㎞以上の超高速移動ができ、東京―名古屋間を約40分で結ぶといわれます。

さらに、2045年には名古屋―大阪間も開通予定で、東京―大阪間を約1時間で走行できると期待されています。現在、最速の新幹線のぞみでも2時間半かかるところをたった1時間で結ぶわけで、昭和の教科書には影も形もなかった夢のような話です。

なぜそんなに速く移動できるのでしょう?

教科書で「超電導磁石を利用した未来の乗り物」と紹介されている通り、秘密は、超電導磁石を使った技術にあります。これよって浮上走行が可能になり、「電車は線路上を走るものなので、地上での高速移動には限界がある」といった常識が覆されたのです。

リニア中央新幹線はルートのほとんどがトンネルなので、車窓からの風景は期待できませんが、子どもたちは「実際に超高速鉄道に乗ったらどんな感覚なんだろう」「そのとき自分は何をしているかな?」などと、夢を膨らませながら想像していることでしょう。

東京―名古屋間が開通するころ、現在教科書で勉強している小5生たちは成人になっているはずで、大人としての第一歩を踏み出していることでしょう。

# ゆとりから一転、子どもたちを悩ませる〝新しい〟算数

## 数式と文字だけの地味～な算数教科書がカラフルに

算数と数学の場合、歴史のように常識が逆転するほど学習内容が変わることは滅多にありませんが、やはり「見た目」はずいぶん変わってきています。

昭和世代の方は、中学や高校のときに使っていた数学の教科書をちょっと思い出してみてください。どのページをめくっても、グラフと図式以外は数式と文字がずらっと並んでいたと思います。印刷も黒インク一色で、他の教科と比べても地味な印象だったのではないでしょうか。

数学が苦手だった方は、難解そうな数学用語と解説の羅列を見て、頭がクラクラしたかもしれません。でも、当時はそれが当たり前でした。

今はそれが一転、数学の教科書もビジュアル化の波に乗って、グンとカラフルで華やかな印象に変わっていています。色を多用することで見やすくなり、堅苦しさがほぐれて、旧教

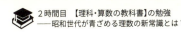

科書と比較すると、やはり最新版の方が学習意欲がわいてきそうです。

具体的には、説明文の要点を赤や青で強調したり、イラストを入れてアクセントにしたり、中には導入部がマンガになっている教科書もあります。

数学の教科書とマンガ……。昭和世代にとっては想定外の取り合わせかもしれませんが、これも数学の世界を楽しく学んでもらおうという製作者側の工夫でしょう。理数系に苦手意識を持っている大人も、今の教科書であれば違った気持ちで学習できるかもしれません。お子さんの教科書が身近にあるようなら、ぜひチェックしてみてください。

## ☑小学校の算数は教科書が分厚くなり難易度もグンとアップ！

「以前より格段に難しくなった」と噂されるのが小学校の算数です。

その背景には、昨今の学習指導要領の改訂でページ数が増え、勉強する範囲が拡大したことがあります。

小学校の教科書がどんどん厚くなっていることは前述しましたが、算数は増量分が多く、ここ10年ほどで1・7倍ほど増えたともいわれ、かなりのボリュームアップです。

何がそんなに増えたのでしょう？

まず、練習問題が増えたこととともう一つ、注目は1学年で学習する内容が増え、しかもレベルアップしたこと。増えた分の中に、以前はもっと上の学年で学んでいた内容が含まれているのです。

たとえば、以前は4年生で学習していた「分数」を2年生から学んだり、やはり4年生から始めた「小数」を3年生からに変更したり、3年生で学んだ「体積の単位」や「時間の単位」を2年生の教科書に組み込んだり……と、学習メニューがどんどん下の学年に下りてきています。

そのため、改訂前後では、年の近い兄弟姉妹で学習する内容が変わるということもあったでしょう。しかも、あえて複雑な計算や正答率の低い練習問題を取り入れる傾向も見られ、明らかに難易度が上がっています。

ゆとり教育を受けた世代が見れば、「今の小学生は大変だな。自分たちが使った算数の教科書はもっと薄くて簡単だったけど……」と、感じるかもしれません。

## ☑親子で「算数が難しい」と感じる時代

教科書のページ数と学習量が増え、しかもどんどん難しくなっている算数の世界。結果的に、

- 宿題が増える
- 家庭での復習・予習の時間が増える
- 学習内容が多いので、先生が授業のスピードアップをはかる

……などの変化も起こってきます。ハイレベルな教科書に合わせて学校でも家庭でもたくさん勉強しないと後れをとってしまうので、学ぶ方の小学生の負担も大きくなります。

現場の先生が「児童間の学力格差が大きくなった」「疲れている児童が増えた」と感じたり、親御さんが「算数の学習内容が多い」「難しい」「授業のスピードが速い」と感じたりする割合が増えているという調査報告もあります。中でも、4年生や3年生の学習内容が下りてきた2年生は、親子ともにプレッシャーを感じやすいようです。

振り返ってみれば、今とは逆の現象が起こったのが、「ゆとり世代」です。2002年

から「ゆとり教育」が実施されると、1学年の教育内容がバサバサとカットされ、問題数も減り、計算問題一つとっても難易度が下がっていました。

当時の算数の教科書は「イラスト集か教科書かわからない」などと心配する声が高まり、この時期に行われた教科書の改訂は〝改悪〟などともいわれました。

実際、子どもたちの学力はみるみる下がって、国際的な競争力もガクンと低下していきます。こうした反省を踏まえて、今は「脱ゆとり」改革が進み、低学年からしっかり学び、深く考えることが新常識になっています。

難しい課題に取り組むことは、子どもの考える力を伸ばすトレーニングになりますが、どうしてもスピードについていけない子どもや、点数が取れない子どもが増えるという悩ましい問題も出ています。親世代はこうした変化を知り、上手にサポートしていく必要があるでしょう。

## ☑ていねいすぎて大人は混乱する算数1――「さくらんぼ計算」

小1の計算力を養う「さくらんぼ計算」をご存じですか？

これは「7＋5」のように、答えが「10」を超えて桁が繰り上がるたし算などに使われるもので、図式がさくらんぼの房に似ていることからその名がついたといいます。

この計算法を習うのは、通例だと1年生の2学期。1学期は10までのたし算を覚えますが、そのあと10に繰り上がるたし算でつまずく子どもが多いため、このさくらんぼ計算が導入されたのです。

やり方をひと言でいうと、「10のまとまりをつくってから計算する方法」です。

具体的な計算のやり方を「7＋5」で考えてみましょう。

まず「5」の下に2本線を引いてさくらんぼの絵を描きます。そして「7にいくつをたすと10になる？」と考え、その数字である「3」をさくらんぼの左側に書きます。次に、「5は3といくつに分けられる？」と考え、さくらんぼの右側に「2」と書きます。

次に「3と7」を足した「10」と、「2」を足して「12」という答えを出せばOK。テキストには、あらかじめさくらんぼの絵が描かれていて、そこに二つの数字を書き込んで答えを出していきます。

同じように、「9＋7」なら、「9にいくつ足せば10になる？」を考え、「1」が必要なので、7の下に「1」と「6」を書き、10と6をたして「16」となるわけです。

さくらんぼは、式の左右どちらの数につくってもかまいませんが、一般に小さい方の数の方が計算しやすいといわれます。

「頭で計算すれば早いのに」と思うかもしれませんが、さくらんぼ計算が身につくと、数の全体や量を把握しやすくなり、計算も速くなるのだとか。この方法は引き算でも使います。

「なんでわざわざこんなに面倒なことをするの？」などの批判もありますが、小1の勉強につき合うお母さん、お父さんには必修だといえそうです。

## ✓ていねいすぎて大人は混乱する算数2――「たし算、かけ算の順番ルール」

「算数の教科書がヤバすぎる！」

「今の小学校はこんな変なこと教えているの!?」

と、さくらんぼ計算と同様、ネットでも繰り返し話題になっているもう一つの算数の不思議な法則があります。それが、たし算やかけ算の「順番のルール」。

たとえば、「鉛筆が3本あります。あと2本増えたら何本になるでしょう？」

この問いの正解は、もちろん「5本」。ただし、同じ「5本」でも、式が「3＋2」ではなく「2＋3」だと先生のチェックが入るのだとか。

なぜなら「＋の記号の前には、初めからあったものの数、後ろには増えたものの数を書く」という順番のルールがあるからです。

「どっちが先でも答えが合っていれば問題ないでしょう」と言いたくなるかもしれませんが、たし算には「増えるといくつ＝増加算」と「合わせるといくつ＝合加算」の二通りがあり、特に増加算では順番を重視する必要があるのです。

「合わせる加算」の事例として、「3人の男の子と、2人の女の子が一緒に遊んでいました。

みんなで何人?」という加算なら「2＋3」でもよいのだとか。ただ、この手の問題でも、数字が書かれた順番に「3＋2」にしないと答案が不正解になったケースもあるようで、悩ましいところです。

順番ルールでかえって計算が複雑になりそうですね。これは、大人だけの印象なのかもしれませんが……。

たし算と同じように、2年生でやるかけ算にも順番ルールがあります。

それは「1つ分の数×いくつ分＝全部の数」となるように式を書くというもの。

いきなりそういわれても、大人は「意味不明」と感じるかもしれません。

たとえば、「鉛筆を1人5本ずつ、4人に配ります。全部で何本必要ですか?」の問いに、「4×5＝20」はバツで、「5×4＝20」が正解。

「×」の記号の前には、あくまで「1人分の数」を書かないとダメなのです。「4」が先だと、「4本ずつ5人に配る」ことになってしまうからで、「かける数」と「かけられる数」を頭でとらえながらかけ算をする必要があるわけです。

同じように「1台の車に2人ずつ4台に乗ると、ぜんぶで何人?」なら「2×4＝8」

が正解で、「4×2＝8」だとバツです。

この順番ルール、計算記号の前後の意味をきちっととらえるために国語力（つまり読解力）も必要でしょう。習ったことのない大人にしてみれば、やはり世にも不思議なルールだと言えそうです。

## ☑今の高校生は基礎解析を知らない!? 科目割が大幅変更

現在50歳前後の、いわゆるアラフィフ世代が高校生だったころ、数学の教科書の科目割は今とはかなり違っていました。年度によって多少の変動はありましたが、西暦でいうと1980年代～90年代前半ころまでは、「数学Ⅰ」「数学Ⅱ」「基礎解析」「代数・幾何」「微分・積分」「確率・統計」の6科目でした。該当する世代の方は覚えているでしょうか？

今はどう変わったかというと、「数学Ⅰ」「数学Ⅱ」「数学Ⅲ」「数学A」「数学B」「数学活用」に分類されています。

見ればわかる通り、古い科目割は中身が具体的なので、旧教科書で習った世代が今の教科書を見たとき「科目から中身が想像できなくて不親切」と感じるかもしれません。逆に、現代の高校生は「基礎解析」と言われても「そんな科目、知らないよ」となるわけです。

参考までに、「基礎解析」には「数列や三角関数」などが含まれていましたが、現在、「三角関数」は「数学Ⅱ」、「数列」は「数学B」、「代数・幾何」の科目にあった「ベクトル」も「数学B」で習います。

１９８２年（昭和57年）度から施行された科目割は、１９８９年（平成元年）の学習指導要領の改訂によって１９９３年までに廃止されましたが、数学の場合、学ぶ内容自体が根本からガラッと変わることはほぼありません。もし身近にお子さんの教科書があったら、頭の体操に再チャレンジしてみるのもいいかもしれません。

## ☑「そろばん」は健在だが驚くほどあっさり終わる

電卓が主流となった今、日常生活でほとんど使わなくなった「そろばん」。

昭和世代も「授業で習ったきりで、ほとんど使ってない」という人がほとんどではないでしょうか。

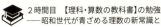

では、今の小学生は算数でそろばんを習っていないのかといえばそんなことはなく、必修でカリキュラムに組み込まれています。

ただし、その授業時間はかなり短め。小学3年から4年生で計5、6時間確保されていますが、3時間程度というケースも珍しくないようです。

「そんなわずかな時間の勉強で身につくの？」と気になりますが、授業の目的は「そろばんを使えるようにすること」ではなく、もっと他にあるようです。

まず、目的の一つは「10」という数のまとまりをとらえること。

計算するときは10を基数とした十進法を使い、10倍ごとに「十、百、千、万、十万、百万、千万……」と桁数が増えていきますよね。そろばんというツールを使えば、この位取りが感覚的に身につきやすくなるといわれます。

そしてもう一つは、昔から伝わる道具や暮らしについて知ること。

江戸時代から寺子屋で教えていた学びの原点「読み書きそろばん」の「そろばん」の存在を知ることが狙いです。「そろばん」は決してオマケ的に学ぶものではなく、今も大切な算数の授業の一環なのです。

3 時間目

# 【社会・国語・英語の教科書】の勉強

## ——知ってると雑談ネタにも困らない

# 社会・地理の変化を見れば時代がわかる！

## 小学校の社会科の教科書がＡＢ判に大きく生まれ変わった

次は、社会科と地理の教科書の変化を見てみましょう。

まず、小学校の社会科ですが、ここでも昭和世代と明らかに変わったのがそのサイズ。昨今の改訂で、これまで主流だったＢ５判から、ＡＢ判サイズへの切り替えが進み、平成27年度版ではすべての出版社がＡＢ判に切り替わっています。つまりグッと大きく、見やすくなったのです。昭和世代が見ると、「これが教科書？　雑誌みたい……」と感じるかもしれません。

参考までに、従来のＢ５判サイズは１８２㎜×２５７㎜。新しいＡＢ判は２１０㎜×２５７㎜。おなじみのＡ４判（２１０㎜×２９７㎜）より40㎜短く、大きめの雑誌などにも使われるサイズです。その分写真や図版なども大きく掲載することができるわけです。

内容の面での変更といえば、最新版の教科書に加わったものとして筆頭に挙げられるのが、2011年（平成23年）の東日本大震災や福島第一原発事故の話題。防災や復興をテーマにした記述が増える傾向が見られます。

今後は、この震災をまったく知らない世代が次々に小学生になっていくわけですから、きちんと伝えていく必要があるでしょう。

## 平成以降、高校の社会科が「地歴科」と「公民科」に分かれた

高校の社会科は、平成に入って間もなく行われた教科書の改編で、「地理歴史科」と「公民科」に大きく分かれました。「地理歴史科」は略して「地歴《ちれき》科」。1994年（平成6年）度からの導入なので、それ以前に高校生だった40歳以上の方は、「地歴」と言われてもあまりピンとこないでしょう。

まず、「地理歴史科」は、文字通り、地理と歴史を合わせた教科。「世界史A、世界史B、日本史A、日本史B、地理A、地理B」の6科目があり、必修の世界史はAとBから1科目を選択します。さらに、日本史と地理の4科目の中から1科目が選択必修です。

一方の「公民科」の「公民」とは、政治に参加することができる人々のこと。

この学科では、今後の日本を支える公民としての資質を養うため、政治経済や法律など社会全般について幅広く学びます。「現代社会」「倫理」「政治・経済」の3科目のうち、「現代社会」の1科目か、「倫理」「政治・経済」の2科目のいずれかを選択必修することが原則です。

ただし、現状の科目をここで理解しても、それもつかの間、近い将来、次の改編が出番を待っています。2022年度以降に導入する新しい学習指導要領において、科目の再構成が行われることが決まっているのです。

現時点でわかっているのは、公民科は「公共」を新設し、「現代社会」は廃止すること。また、地理歴史科は「歴史総合」と「地理総合」を新たな必修科目とし、「日本史探究」「世界史探究」「地理探究」を選択科目に加えて再編すること。

このころに高校生になるお子さんは、また新たなスタートラインに立つわけです。

## 「世界一長い川」と川の長さが変わっていた

まず質問ですが、「世界でいちばん長い川」はどこでしょう？

「え～と……ミシシッピ川かな？」と答えた方、かつては正解でした。

「アマゾン川でしょう！」と答えた方、いずれ正解になる可能性はあります。

ただし、現時点ではどちらも不正解。

今、世界一長い川は、アフリカ大陸の北東部を流れる「ナイル川」です。

最新の中学の社会科地図によると、ナイル川の長さは6695㎞。

参考までに、2番目に長い川は南米の「アマゾン川」、3番目は「長江（揚子江）」です。ただし、

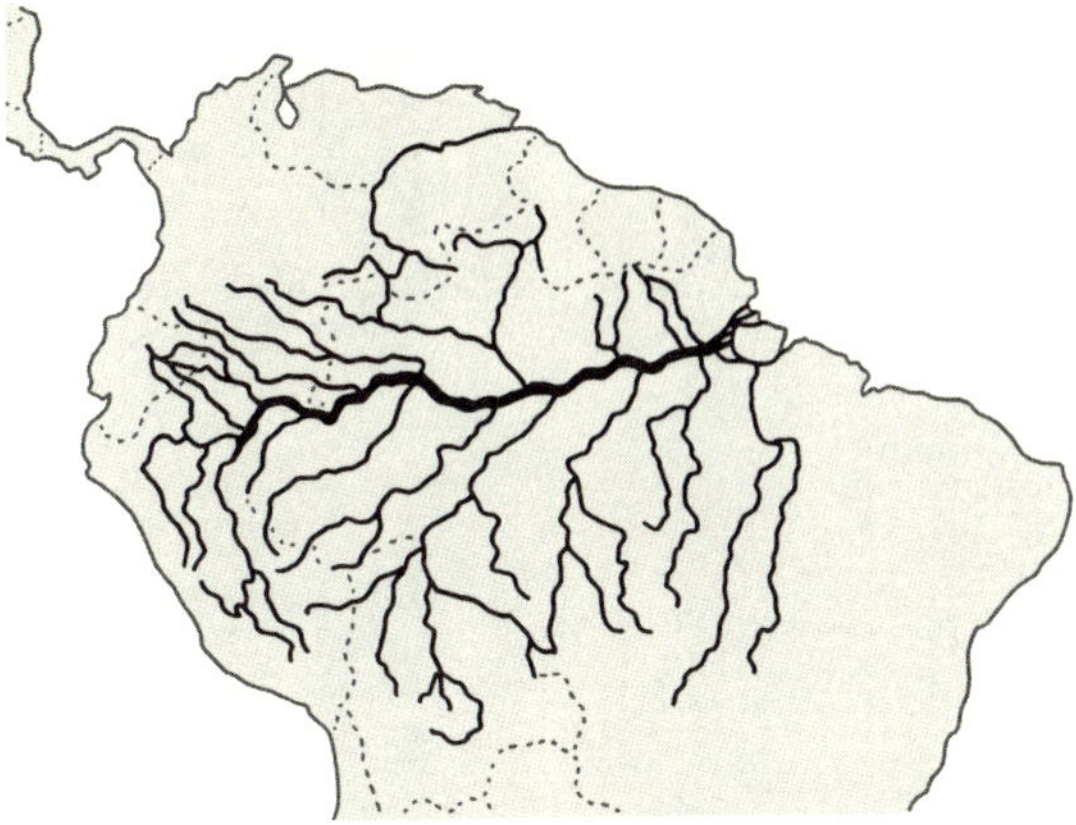

この順位や川の長さは年代によってころころ変わるし、資料によってもデータにバラつきがみられます。

試しに、時代を大きくさかのぼってみましょう。50年前の教科書にはどう書いてあるかというと、世界一長い川は北アメリカを流れる「ミシシッピ川」で、６５３０㎞と記されていました。ところが、今の教科書ではミシシッピ川は６０１９㎞ですから、なんと前より短くなった計算になります。では、当時のナイル川の長さはというと５７６０㎞。驚くことに、今より約１０００㎞も短かったのです。

なぜ、こんなに変わってしまうのでしょう？

ちょっと不思議ですが、川の長さが変わることは決して珍しいことではありません。「どこから測るか」など計測の仕方で大幅に変わりますし、治水工事で蛇行が多い川を整えれば以前より短くなることもあります。ミシシッピ川は後者のケースだといわれます。

また、川の長さは本流と支流を合わせて計測するので、新しい支流が発見されれば、当然川の長さは伸びます。そしてアマゾン川は支流の数が多く、最近の新たな発見などによって「ナイル川を抜いた」という説もあります。正式に認められれば、今後、アマゾン川がトップに躍り出ることもありえるでしょう。アマゾン川とナイル川は「どっちが長いか」の熾烈な戦いを繰り返しているのです。

数年後、数十年後の教科書では、さてどの川がトップになっているでしょう？

## 日本の中心工業地帯は「四大工業地帯」から「三大工業地帯」へ

国内で工業の盛んなエリアを総称して、かつては「四大工業地帯」と呼んでいました。今の親世代は、教科書でもそのように習ったと思います。

おさらいすると、その四つの工業地帯は以下の通り。

1　東京、川崎・横浜市を中心とする「京浜工業地帯」
2　名古屋市を中心とする「中京工業地帯」
3　大阪・神戸市を中心とする「阪神工業地帯」
4　北九州市を中心とする「北九州工業地帯」

おぼろげな記憶になっているかもしれませんが、いずれにしろ現在、この常識は通用しなくなっています。1980年代以降、京葉工業地域など新興の工業地帯が続々と発展する中、北九州の工業地帯の生産高が減少したからです。

現在の教科書では、京浜、中京、阪神の3つの工業地帯を指して「三大工業地帯」と呼ぶことを明記しています。四大エリアからはずれた北九州はどうなったかというと、今は単に「北九州工業地帯」と記されています。

あなたが今も「四大工業地帯」の名称を正確に言えたら立派ですが、今勉強中のお子さんにそれを言うと、「え？　三大工業地帯でしょ」と指摘されるワケです。

現在、生産高トップの中京工業地帯を支えているのは、やはりトヨタの自動車。他にも航空産業などが盛んで、日本のモノづくりを支え続けています。成長する工業地帯には、地域を代表する業種、企業が存在しているのです。

## ☑見た目にはわからないけど日本の緯度・経度が変わった

地図を見ると、縦と横に線が引いてありますよね。横に引かれた線が「緯度」、縦に引かれた線が「経度」です。

経度と緯度は地球上の位置を示す「ものさし」のようなもので、これまで日本の地図はこの国独自のものさしを使っていました。それが、平成14年4月の「測量法」の改正で、世界標準のものさしに代わっています。世界中の国が「世界測地系」という同じものさしを使い、地球の住所を共有することになったのです。そのため、地理の時間に使う最新の地図帳も、世界測地系に対応するようになっています。

ただし、地図の見た目には大きな変化はありません。世界標準のものさしに変えると、経緯度が今までより南東の方角に約400m移動しますが、地図上では縮小されるのでほんの0・4㎜ほどの違いだけです。

まずは、地球の位置を示す基準が日本標準（日本測地系）から世界標準（世界測地系）に変わったことを心に留めておきましょう。

## ☑小5社会で「シェールガス」と「バイオマスエネルギー」が登場

今、次世代の新たなエネルギーとして注目されるのが「シェールガス」と「バイオマスエネルギー」。

まだ耳慣れないこの二つのキーワードが、小5の社会科の教科書に登場しています。中学、高校の教科書に先駆けてこの話題を真っ先に取り上げたのです。

では、そのエネルギーの正体とは？

まずシェールガスは、頁岩《けつがん》と呼ばれる泥岩（堆積岩）の層のすき間からとれる天然ガスのこと。今、一般に使われている天然ガスは地下数百mに存在しますが、シェールガスはもっとず～っと底、地下数千mに大量にあるので、採掘には高度な技術を要します。

2000年前後から掘削が始まっていますが、今後、世界中のシェールガスを回収できれば、200～250年分以上のエネルギーをまかなえるといわれているのです。

一方のバイオマスエネルギーは、二酸化炭素（$CO_2$）の発生が少ない自然エネルギーとして注目されています。バイオマスとは、生物をあらわす「バイオ（bio）」と量を意味する「マス（mass）」を合わせた言葉で、「生物起源による物質」といった意味。

代表的なバイオマスとして木材（木くず）、薪炭《しんたん》、麦わら、生ごみ、海藻、動物の死骸、し尿、プランクトンなどの有機物があり、これらをエネルギーとして利用すれば、地球温暖化防止の有効な手段になるとして期待が集まっています。

未来の地球を支える二つのエネルギーは、今後メディアに登場する機会も増えるでしょう。小学生に聞かれても困らないよう、要点だけはおさえておきましょう。

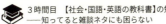

## 「リアス式海岸」→「リアス海岸」に表記が変わったワケ

昨今の改訂で新しくなった地理用語が「リアス海岸」。

旧教科書では「リアス式海岸」の表記でしたが、平成20年以降は「式」の一文字がカットされたのです。

では、リアス海岸とは、どんな海岸のことなのか？

ひと言でいうと、起伏の多い山地や丘陵が海面上昇などで沈水し、侵食作用でつくられた海岸地形のこと。海岸線が複雑に入り組んでいるのが特徴です。

「リアス（rias）」は、もともとスペイン語で「入り江」を意味する「リア（ria）」の複数形。スペイン北西部のガリシア地方は入り江が多く、「リアスバハス海岸」と呼ばれていますが、これに由来して、山地や丘陵が海水に削られてできた入り江が連なる地形を英語で「rias coast」と呼ぶようになりました。これを和訳したのが「リアス式海岸」。昭和

30年代からこの用語が定着しましたが、やがて「リアス=入り江」の意味なら、「式」の一文字は不要と考えられるようになったのです。

今は教科書や地図帳でも表記変更されていますが、従来使われていた「リアス式海岸」でも間違いではありません。

日本の代表的なリアス海岸といえば、青森県から岩手県にかけての三陸海岸、福井県から京都府にかけての若狭湾などがあります。いずれも絶景、おすすめの観光スポットです。機会があればじかに観察してみましょう。

## ☑農家は「主業農家」「準主業農家」「副業的農家」に分類

農家の分類といえば、以前は「専業農家」と「兼業農家」がおなじみでした。

農業だけから収入を得ていれば専業農家、農業以外にも収入があれば兼業農家、この区分はとてもシンプルでした。ところが、時代と共に農家をとりまく状況も変わり、高齢化や後継者不足に加え、多くが兼業農家になったため、従来の分類が通用しなくなってきました。そこで、昨今は「主業農家」「準主業農家」「副業的農家」の3つの区分となり、教科書でも使われています。

「主業農家」は農業の所得が主で、年間60日以上農業をする65歳未満の人がいる農家。「準主業農家」は農業以外の所得が多く、年間60日以上農業をする65歳未満の人がいる農家。「副業的農家」は、65歳未満で年間60日以上農業をする人がいない農家。

このように、教科書用語の変化は、家業をとりまく環境を映し出していることがよくあります。なぜ変わったのかを知ることで、時代を読むことができるのです。

## 「現代社会」の教科書から、平成のカタカナ用語を読み解く

「現代社会」は高校で学習する公民の科目の一つ。文字通り、現代的な課題を取り上げる教科で、教科書には世相を反映するキーワードが目につきます。

中でも、「パラサイトシングル」「ひきこもり」「スチューデント・アパシー」などは、昭和の教科書には見られなかった用語でしょう。

「パラサイトシングル」とは、学校を卒業しても親と同居し、基本的な生活を頼りながら生活する独身者のことで、親に寄生（パラサイト）しているように見えることから、こう

呼ばれています。「ひきこもり」は、今さら説明不要でしょう。

では、もう一つの「スチューデント・アパシー」とは？

「学生の無気力症候群」ともいわれるように、勉学などに無気力になり、人生の目的や生きがいを喪失した学生を指す言葉です。大学入学直後の「五月病」の季節や、夏休み明けの9月ごろに多く見られるといいますが、講義の欠席を繰り返したり、学業そっちのけでアルバイトなどに精を出したりするようになったら要注意。症状が重くなると、家にひきこもってゲームやネットに没頭し、就職しないままパラサイトシングルになっていくケースも。先に挙げた3つのキーワードはすべてつながっているのです。

無気力な学生はいつの時代にもいて、ひと昔前の現代社会の教科書には、「四無主義」という言葉が載っていました。「四無」とは、「無気力、無責任、無関心、無感動」の総称で、1980年代には、「無作法」も加わって「五無主義」という言葉も生まれました。言葉や環境は変わっても、無気力症候群に陥る若者の姿は、昭和世代も平成世代も大差はなさそうです。

# なつかしいあの作品が消えた⁉ 国語の教科書

## 高校の国語の科目、いくつあるか知ってますか？

国語の教科書の話題に移りましょう。

まず高校の国語ですが、昭和から平成にかけて科目割にかなりの変化が見られます。現在は必修科目の「国語総合」と選択科目の「国語表現」「現代文A」「現代文B」「古文A」「古文B」の6科目ですが、時代をずっとさかのぼって見ていくと、昔は科目割がとてもシンプルだったことに気づきます。

昭和20年代の初めは、単に「国語」という一科目があるだけ。やがて20年代後半からは、「国語（甲）」（必修）「国語（乙）」「漢文」の3科目に変わります。

さらに昭和30年代になると、「現代国語」（必修）「古典甲」「古典乙Ⅰ」「古典乙Ⅱ」の4科目に。昭和50年代になると「国語Ⅰ」（必修）「国語Ⅱ」「国語表現」「現代文」「古典」の5科目になり、ここで「国語表現」という科目が初めて登場します。つまり、この科目割になった昭和57年以前の教科書で学んだ50歳以上の人は、「国語表現って何？　今はそんな科目があるの？」と感じていることでしょう。

## ☑ノートの取り方、ペンの色使い、メールの書き方まで教える「国語表現」

そこで注目したいのが、昭和50年代から始まった「国語表現」の学習内容です。この科目の目的は、文字通り、国語で上手に表現する力を身につけることです。

今の親世代が高校生だったころは、文章を書く基本として、まず題目や趣旨を決めることや、起承転結などの構成について学んだかと思います。今でも当然、これらの基本はおさえますが、昨今の国語表現は、より突っ込んだ内容になっています。

たとえば「表現のスタイルを知る」方法として、「電子メールの書き方」が取り上げられています。具体的には、メールの「件名」はどんな表現が適切か？　メール本文の簡潔なまとめ方は？　わかりやすく適切に伝えるには？　など。生徒の多くがスマホや携帯を所持し、ネット上で頻繁に言葉を交わす現代ならではの内容で、時代が必要とする国語表現といえるでしょう。

メールは一度送信ボタンを押したら取り消せないため、うっかり送ったひと言がトラブルの原因にもなりかねません。そのリスクを知って文章づくりを学ぶことは、人間関係をスムーズにするうえでも効果的でしょう。

その他の表現テクニックを磨く方法として、インタビューやディベート（議論）のやり方、プレゼンテーションの方法、報告文の書き方なども国語表現で学びます。さらに、文章の書き方の基本として、ノートの取り方、ペンの色の工夫までをていねいに解説している点も見逃せません。

きちんと勉強すれば、言葉の表現力がかなり磨けそうです。

## ☑あっ、教科書の「そ」の書き方が変わってる！

ひらがなの「そ」の字、あなたはどのように書いていますか？

普段は書き順など意識しないでしょうが、実は二通りの書き方があります。

一つが、一画目にテンを打つ「そ」。

もう一つは、一筆でつなげて書く「そ」。

要は、上部をつなげずに二画で書くか、つなげて一画で書くかの違いです。

小学校でどう教えているかというと、今の教科書ではつなげる方の「そ」が載っています。昭和世代は、主に二画の方で習っているので「おや?」と思うかもしれませんが、もちろん、それも誤りではありません。

「どっちの『そ』も正しい」となると、かえってすっきりしませんが、ひらがなの書き方とはそもそもあいまいなのです。

漢字の場合、文部科学省が「常用漢字表」で基準となる字体を示していますが、ひらがなにはそれがありません。ちょっと意外ですが、「絶対これ」と公的に規定された形がないのです。もともとひ

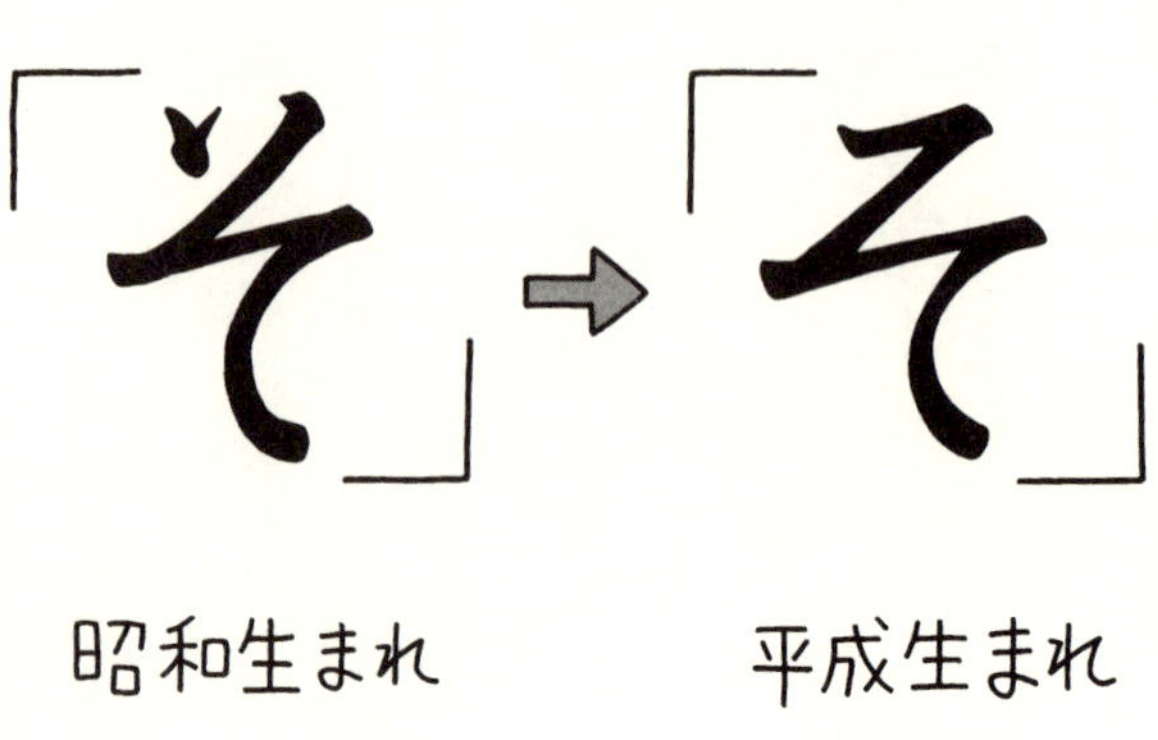

らがなは、漢字を省略してできた形ですから、だんだん書きやすい方に流れて定着したのが、つなげて書く今の「そ」なのです。

おおまかに分ければ、昭和世代はつなげない二画の「そ」、平成生まれはつなげる一画の「そ」を書く人が多く、今後はつなげるタイプが多数派になっていくでしょう。

わざわざ書き方を変える必要はありませんが、もし子どもに聞かれたら「つなげて書く方」で指導するといいでしょう。実際、二画の「そ」を書いたら、先生に「こっちはもう使わないよ」と言われることもあるようです。

## ☑漱石や鷗外も……。中学の教科書から、明治の文豪の作品が消えた

「中学校の教科書から漱石と鷗外の名作が消えた！」

とちょっとした騒ぎになったのは、「ゆとり教育」がスタートした2002年です。この時期、国語の指導内容も大幅にカットされ、夏目漱石や森鷗外など明治の文豪たちの作品が教科書から突如として消えたのです。

漱石の『坊っちゃん』や『吾輩は猫である』、鷗外の『高瀬舟』などはそれまで定番の

教材でしたが、「語彙能力が高くて難しい」というのが削除された主な理由でした。

この大改革は、親世代以上にとってはまさに〝事件〟。

「まさか……、あの名作を子どもに読ませないのは、もったいない」「国語力が低下する」と批判の声が上がりました。読む作品は生徒のその後の人生を左右することすらあるので、教科書に載せる作品は、たしかに慎重に選ぶ必要があります。

その後、また復活が検討されたものの、古い文学作品を読む機会はやはり減っています。ただし、それはあくまで中学の国語の話で、高校では国語の教科書に漱石も鷗外もいまだ健在。しかも、「定番教材」として読み継がれています。

夏目漱石の『こころ』、森鷗外の『舞姫』は敗戦後の教科書から掲載が始まっているので、3世代で読んでいる家族もいるでしょう。さらに、芥川龍之介の『羅生門』、中島敦の『山月記』、も、高校の国語の教科書に欠かせない存在となっています。

現代ならではの傾向といえば、村上春樹をはじめ、川上未映子、小川洋子、内田樹、角田光代など、現在活躍中の有名作家の作品も次々と採用されていることです。これらが掲載された国語教科書は、昭和世代にとっては新鮮に映るでしょう。身近に高校の国語の教科書があるようなら、今のトレンドをチェックしてみてはいかがでしょう。

## 『奥の細道』か『おくのほそ道』か？　名著の表題にも変化

「月日は百代の過客にして、行きかふ年もまた旅人なり」で始まる紀行文、覚えていますか？　これは元禄時代に活躍した俳人、松尾芭蕉《ばしょう》の代表作『おくのほそ道』の序文です。

多くの俳句が読み込まれたこの名著は、国語の教科書でもおなじみですが、気になるのはその表題。書店で見ると『奥の細道』も『おくのほそ道』もあり、表記が一つではありません。

「正しい表記は『奥の細道』では？　教科書でもそう習った気がするけど……」

と思われた方は要注意。現在の中学の国語の教科書は、すべて『おくのほそ道』の表記になっています。

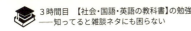

この本の原文は推敲《すいこう》を重ねたものが複数ありますが、最終稿とされる表紙の書名が芭蕉の自筆とされ、そこには『おくのほそ道』と書かれています。そのため、国文学の分野では、こちらの原題名を正式な表記としているのです。

『奥の細道』も間違いではありませんが、試験の答案なら『おくのほそ道』と書けば間違いなしでしょう。

## なつかしいあの名作『最後の授業』はなぜ教科書から消えたのか？

小学校の国語の教科書にも、ずっと読み継がれている定番作品があります。

代表格は新美《にいみ》南吉の『ごんぎつね』。昭和31年に小4の教科書に登場して以来、各出版社が続々と掲載を決め、1980年代からは全検定教科書に掲載されています。あらすじはここでは省きますが、「子ぎつねのごんの死という結末を思い出すと、今でも胸がキュンとなる」など、ちょっと切ない読後感と共に記憶に残る作品です。

一方で、一時はどの教科書でも取り上げていた作品が、ある時期からパタッと消えてしまうこともあります。

その物語の一つが、アルフォンス・ドーデ作の「最後の授業」。

「アメル先生の話、なつかしい……」と思った方、いるかもしれません。

そう、これは、フランス語を教えるアメル先生の最後の授業を描いたものです。

ある日、フランス領のアルザス地方に住むフランツ少年が遅刻して学校に行くと、いつもと様子が違い、アメル先生の最後の授業だということを知ります。普仏戦争（プロイセンを中心とするドイツ諸邦とフランスとの戦い）でフランスが敗れたため、プロイセン領となったアルザスでは、ドイツ語しか教えられなくなったのです。フランツ少年の心は揺れ、勉強しなかった自分を反省しながら、先生の話に耳を傾けます。

この「最後の授業」は、戦後から小学校の教科書に登場し、昭和36年には5社で採用されます。ところが、昭和58年度版を最後に、完全に姿を消しています。つまり、教科書でこの作品を読んだのは40代半ば以上の世代に限られることになります。

なぜ、急に掲載をやめてしまったのでしょう？

明確な理由はわかっていませんが、内容の矛盾点が指摘されています。フランツ少年が暮らすアルザス地方はドイツとフランスの国境近くにあり、日常的に使っていたのはもともとフランス語ではなく、ドイツ語の一方言であるアルザス語でした。つまり、フランス語はあくまで公用語で、だからこそアルザスの子どもたちはフランス語を学校で習う必要があったのです。そのため、「フランス語を母国語として賛美するアメル先生の話には違和感を覚える……」という批判的な声が高まってきたのです。

実は、作者のドーデはフランス人。普仏戦争にも志願して参加した経験もあるため、フランス寄りの思想を物語に込めてしまったのかもしれません。母国語の大切さを伝える意味で評価された作品ですが、こうした背景から、国語教材からははずれることになったのです。

# 国際化の荒波は進化した英語教育が受けとめる！

## ☑英語教育の低学年化が進み小学校でも必修に

英語の場合、昭和世代と大きく変わったのが、教科書以前にその学習形態です。とにかく、どんどん低年齢化しています。

学校の英語教育がスタートするのは、かつては「中学生から」が常識でしたが、今は小学生から学び、英語を話すことが当たり前になっています。

現在の小学校では「外国語活動」が必修で、主に5、6年生の授業に英語が組み込まれています。具体的には、英語の歌やゲームを取り入れたり、外国人の先生のネイティブな英語に触れたり、楽しく学びながら英語に親しむことを重視しています。

そして近い将来、小学校の英語教育はさらに変わろうとしています。

学習指導要領が見直され、2020年度から大幅に改革されることが決まったのです。学校によっては、早くも2018年度から段階的に実施される予定です。

いったい何が変わるのか？　親世代も気になるでしょう。ポイントは二つ。

（1）まず、3・4年生の「外国語活動」が必修になり、いよいよ3年生から英語の授業が始まる

（2）5・6年生は、これまでの「外国語活動」に代わって「英語」が「教科」として新しく導入される

では、「外国語活動」と「教科としての英語」の違いとは?

ひと言でいうと、教科書があるかないか、成績がつくかつかないかの違いです。「外国語活動」は必修でも「教科」ではないので、教科書はありません。学習内容やテキストは指導者の個々のやり方で決められます。一方、「教科としての英語」になると、文部科学省の検定に合格した教科書を使い、テストをしたり成績をつけたりするようになります。小学生が英語の成績を気にする時代が、すぐそこに迫っているわけです。

小学校の英語教育が変われば、当然、中高の英語教育のレベルも上がります。

具体的には、中学の英語の授業は、高校と同じように「原則としてすべて英語で行われる」ようになり、高校では「英語で発表、討論、交渉」ができるよう、使える英語を磨いていくことが目標となります。

改革が本格化する2020年は、日本でオリンピック、パラリンピックが開催される年。外国人と英語でコミュニケーションする機会もこれからどんどん増えていくでしょう。子どもはもちろん、親世代も英語の勉強は必須の時代です。

## 英語で自己紹介「マイネームイズ名―姓」が「アイアム姓―名」に

ところで、中学に入ってまず学ぶのが、英語による自己紹介。

新旧どちらの教科書も、最初に挨拶を教えますが、違うのはその言い回しです。

あらためて「私の名前は○△□×です」と英語で、フルネームで言ってみてください。

序章のクイズでも紹介しましたが、昭和世代が教科書通りに自己紹介をすると、

「My name is Ken Tanaka」

のようになります。ところが、これだと今の教科書と異なる点が二つもあります。

一つは「My name is（マイネームイズ）」という言い回し、もう一つは「名―姓」の順番です。

新しい教科書では「I am Tanaka Ken」のように、「I am（アイアム）」に続けて「姓―名」の順番で言うように教えているのです。

かつては「My name is（マイネームイズ）」だったのが今の教科書で「I am（アイアム）」に変わったのは、カジュアルな場面で一般的によく使われる言い方が「アイアム」だからです。「マイネームイズ」が古い言い回しというわけではなく、こちらも仕事の面接やプ

レゼンテーション、スピーチなど、フォーマルな場面では多く使われます。

英語圏では、日常的な挨拶なら、「I'm Janet」のように、「I'm（アイム）」とファーストネームだけで言うことが多く、長くつき合っていても、ラストネームを知らないことも珍しくないそうです。

フルネームで自分を紹介する場合、ファーストネーム（名）とラストネーム（姓、名字）の順番は、旧教科書では英語圏に合わせて「名—姓」でしたが、今の教科書では「姓—名」の表記が採用されています。つまり名字が先。

ただし、日本人の名前を紹介する場合、「(1)日本式のまま「姓—名」とする方法」と「(2)英語圏の言い方に合わせて「名—姓」とする方法」があることを注釈などで紹介するケースが多いようです。つまり、教科書では日本式で表記しても、基本的に「どちらの順番でもいい」ことを伝えているのです。

あえて順番をひっくり返して、「姓—名」の順にしたワケとは?

改訂されたのは2002年度版の教科書ですが、きっかけは、2000年12月の国語審議会で日本人の姓名のローマ字表記について審議し、言語や文化の多様性を生かしていくには「姓―名」の順が望ましい、としたことにあります。他国に合わせて逆転させず、日本式の言い回しを生かす方向になったわけです。

昭和世代にしてみれば、少しややこしい改訂ですが、現教科書では「姓―名」が常識だということを頭に入れておきましょう。

ただし、英語圏では「名―姓」の順にした方がわかりやすいことも理解し、上手に使っていく必要があるでしょう。

## 「筆記体」を習うことが必修ではなくなった

さて、次は英語でわかる世代当てクイズ。

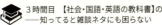

「あなたは、中学の英語の授業で筆記体を習いましたか?」

この質問に対し、「筆記体を習った」と答えた人は昭和生まれ、「筆記体を習わなかった」と答えた人は平成生まれ、とおおまかに分けられます。

昭和生まれの親世代は、中学のとき「ブロック体(活字体)」と共に、アルファベットの「筆記体」を習ったと思います。単語の文字をつなげて書く「続け字」のスタイルで、今もサインなどで使われます。当時は習うのが当たり前でしたが、現在の英語の授業では筆記体を教えていません。旧世代にとってはちょっと驚きの変化でしょう。

日本の筆記体の教育は１９６２年（昭和37年）から始まり、長いこと定着していましたが、２００２年（平成14年）の「ゆとり教育」の導入で、筆記体は必修からはずれました。基本的にブロック体だけ教えればよいとされ、筆記体は先生の判断で教えても教えなくてもよくなったのです。

つまり、中学入学が２００２年４月以降の人は、多くが筆記体を習っていないことになります。生まれた年でいうと１９８９年（平成元年）４月以降なら「筆記体の授業なし」、それ以前なら「筆記体の授業あり」となるわけです。

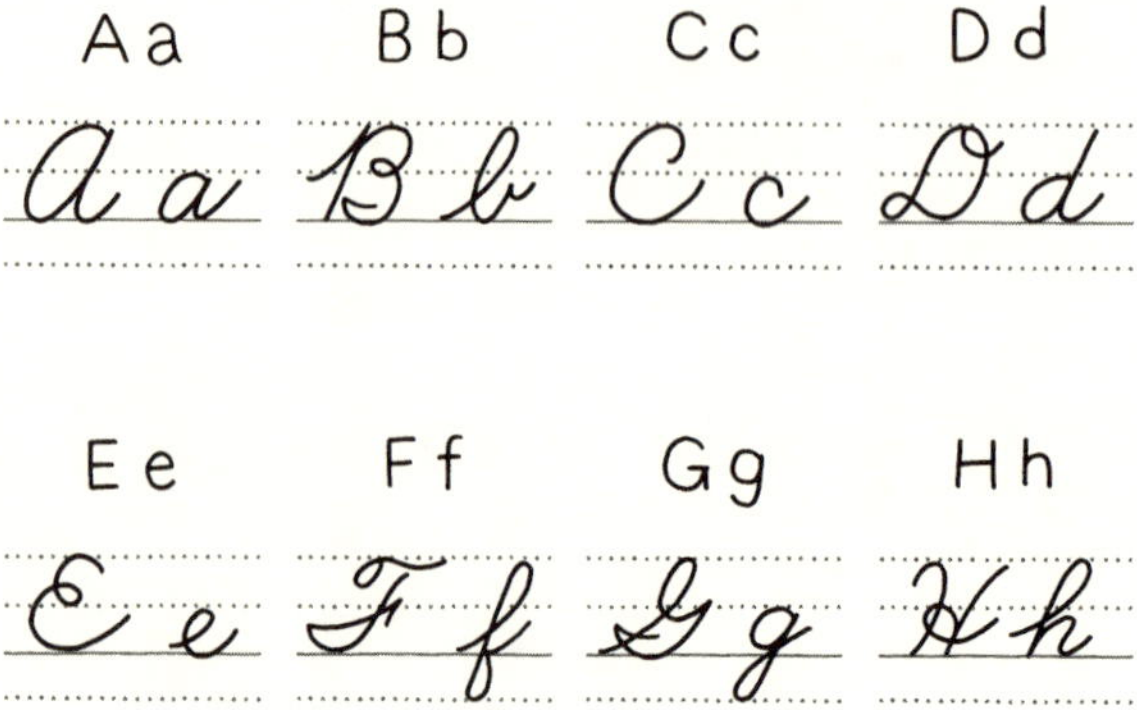

では、脱ゆとり教育の流れで、今後筆記体の学習が復活する可能性は？

今のところその兆しはなさそうです。世はコンピュータ社会で筆記体はどんどん使われなくなり、ニーズが減ってきているのです。

その傾向はアメリカでも同じで、多くの人は筆記体はサインをするときに使う程度だったり、筆記体では書けなかったりする人も多くいるそうです。筆記体の話題で年齢がわかるのは、日米共通なのかもしれません。

## ☑英語教科書のイラストが「めちゃくちゃかわいくなった」と評判

今どきの英語の教科書は、イラストのタッチもひと味違っています。

昭和世代の英語教科書のイラストは、どちらかというと素朴なものが多かったですが、時代が進むにつれ、どんどんかわいく、親しみやすいものに変わってきています。

中でも「かわいすぎる！」「たまらないかわいさ」と評判なのが、東京書籍の中学の英語教科書『NEW HORIZON』に掲載されている英語教師、エレン・ベーカー先生のイラストです。

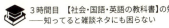

平成28年（2016年）度版の1年と3年の教材に初登場したエレン先生は、アメリカのマサチューセッツ州、ボストン出身。金髪、瞳はエメラルド・グリーンで、大リーグのボストン・レッドソックスのファン。弟のマイク・ベーカーも来日して中華料理店で働いているなど、親しみやすいキャラクターやストーリーで、学校現場を超えて多くの人の心をつかんでいます。

この教科書の使用が始まったとたん、ツイッターなどで話題になるなどして一気に拡散し、テレビでも取り上げられたりして大反響となったのです。

「エレン先生のファンになり、中学生に戻り

So are you a Boston Red Sox fan?
Yes, I am.

©電柱棒

たくなった！」

「こんな教科書だったら、自分ももっと英語の勉強をしたかも……」

そんな大人たちの声も続々届いています。

たしかに、教科書に大好きなキャラクターが載っていたら、学習意欲も高まりそうですね。

**Ellen Baker**
（エレン・ベーカー）
緑中学校のALT（Assistant Language Teacher）。
アメリカのボストン出身。
©電柱棒

## 英語の教科書なのに「日本語」の量が増えた？

イラストの他にも、今どきの英語教科書には従来の常識を覆すさまざまな工夫が見られます。

「日本語を多用した解説」もその一つ。

旧教科書を使っていた昭和世代にとっては、「英語の教科書には英語の解説」が常識だったと思います。当然といえばそうですが、アルファベットばかりだと英語に苦手意識がある人にはとっつきにくいかもしれません。

そこで最近は、苦手意識を植えつけることのないように、それぞれの章の導入部やポイント解説などで、あえて日本語を多用しているものが増えています。要点をまず日本語で理解し、そのあとで英字を読むと、内容が頭に入りやすくなることはたしかで、日本語でのフォローもうまくなっているのです。

教科書以外の英語教材を見ても、要所要所に日本語があるとホッとして、勉強がスムーズになるのではないでしょうか。

その他の工夫として、伝統文化などパターン化した話題からはずれ、興味を引くニュースや情報を取り上げていることが挙げられます。たとえば、昨今のラーメンブーム、メールの絵文字の話題、人気アニメ、すしなどのグルメネタ、世界遺産の話、有名スポーツ選手の話題など、教科書ごとにさまざまです。興味を引く話題が多いほど、英語に親しみやすくなり、生徒たちのやる気も高まるでしょう。

## ☑「辞書の使い方」を教科書でていねいに教える

英語を学んでいる生徒のほぼ全員が持っている教科書以外の必需品といえば、そう、「英和辞典」です。

平成生まれは電子辞書の使用も増えていますが、授業で紙の辞書を主に使うことは昭和世代と同じです。

では、「辞書の使い方」について、あなたは習いましたか？

意外にも、ほとんどの世代が学校ではきちんとした辞書指導を受けていません。外国語学習の向上には辞書指導が欠かせないともいわれますが、これまでは盲点になっていたのかもしれません。そこで、最近になってちょっとした変化がありました。

以前の「中学校学習指導要領」では「辞書の使い方に慣れ、必要に応じて活用できるようにすること」と記されていたのが、平成24年度には「辞書の使い方に慣れ、活用できるようにすること」に改訂されているのです。「必要に応じて」の部分がカットされたわけで、以前より辞書教育に力を入れようとする傾向が読み取れます。

実際、最近では多くの英語教科書に「辞書指導のページ」が設けられています。辞書の使い方が教科書で学べるのはやはり強みで、それだけで学習効率が上がりそう。昭和世代にとっては、ちょっとうらやましい変化です。

## ☑高3の英語で「くまモン」が紹介された

高校の英語教科書の中に、「くまモン」を発見!

そんな楽しい話題もあります。

「くまモン」といえば、熊本県のご当地キャラクターとして有名ですが、この大人気のゆるキャラが、高校3年生用の教科書に登場しています。増進堂の『コミュニケーション英語』で、ゆるキャラによる地方活性化を取り上げ、全国的に認知度の高いくまモンが起用されているのです。

具体的には、英文で「赤いほっぺの黒いクマ。有名になり、熊本の経済成長に一役買っている」というように紹介されています。

やはり、くまモンが載っているとページが華やぎ、その存在感で英語も楽しく学べそうです。今後も人気キャラクターや話題の出来事を活用しながら、教科書もますます活性化していくのでしょう。

# 4時間目

# 【その他の教科と学校生活】の勉強

## ——驚くことだらけな平成の学校事情

## ☑昔はなかった「生活科」。何を勉強するの？

本書のまとめに、これまで取り上げた以外の教科や、昨今の学校生活にまつわる驚きの新情報をご紹介しましょう。

まず、昭和時代にはなかった「教科」について。

平成に入って、学校教育に新しく加わった教科が「生活科」と「総合的な学習の時間」。昭和世代の中には、「初めて名前を聞く」という人もいるかもしれません。いったい何を学習するのでしょうか？

まず「生活科」とは、小学1、2年生が学習する教科です。

昭和のころは、小1から「国語、算数、社会、理科」の4教科がありましたが、教科の改編で小1、小2の「社会」と「理科」がなくなり、代わりにその二つを統合した「生活科」が生まれたのです。実施は1992年（平成4年）からなので、今30代前半の人はこの授業を受けているでしょう。

学習内容は、社会と理科を単に合わせたものではなく、「体験的な活動」を重視しています。校外に出て自分の足で歩き、社会や自然と触れ合い、さまざまな角度から世の中を体験、観察するのです。たとえば、近くの公園で自然観察、商店街に出かけて取材体験、歴史建造物など公共施設の調査、バスに乗ってショッピングモールの探検、お手伝いの実践などなど……。自分たちの小学校の理科室や図書室、校長室などを見てまわる「学校探検」も定期的に実施されています。

地域ごとに環境も異なるため教科書はなく、各学校でカリキュラムが決められます。実践的に学べるため、これからの生活に必要な習慣や技能が身につく教科です。

## ☑課題発見力をつける「総合的な学習の時間」

もう一つ、平成になって新設された「総合的な学習の時間」は、ゆとり教育が始まった2002年から本格的に始まり、小学校から高校まで一斉に導入されました。

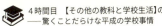

まさにゆとり教育の象徴ともいえる学科で、従来の学習パターンから抜け出して、自ら学び、考え、発表するという教育の大改革の一環です。

こちらも教科書はなく、学習のやり方も各学校で決めますが、共通するのは、児童や生徒自身が課題を見つけること。要は好きなテーマ、好きな場所で、自由に学べる時間なのです。

たとえば、ある生徒は「故郷の歴史研究」をテーマに決め、故郷の歴史を図書館で調べたり、お城の跡地で現地調査をしたりします。

またある生徒は、花や農作物を育てて成長記録をつけたり、自分でつくった野菜で料理をした体験を報告したりします。他にも、自分で考えた外国語の勉強、楽器の演奏、ボランティア活動など何でもOK。興味あることに取り組み、プレゼン型の授業を体験する中で、問題を手早く処理したり、生きる力を総合的に伸ばしたりできるのです。

現在、「総合的な学習の時間」は当初より減っていますが、その背景にはゆとり教育の影響で子どもの学力が低下したことがあるようです。児童や生徒にしてみれば、もっと増やしてほしい楽しい時間なのかもしれません。

## ☑「音楽の教科書」にAKB48の楽譜を発見！

音楽の時間に使われる楽曲も、時代と共に変わってきています。

たとえば、高校の音楽の教科書に人気アイドルグループ「AKB48」の楽譜が掲載されていること、ご存じでしょうか。その曲とは、2010年2月にリリースされた卒業ソング「桜の栞《しおり》」です。

「歌詞がいいよね、AKBの曲の中でも特別」

そんな声が多い歌です。「新しい道」「友の顔」「未来」「希望」などの言葉が、新生活に向かう生徒たちの共感を呼び、幅広い層に支持されているのです。

一方、昭和世代の卒業ソングといえば「仰げば尊し」が定番。この曲、なんと1884年（明治17年）に発表された唱歌で、明治から昭和にかけて歌い継がれてきました。昭和世代の多くは、曲名を聞くだけでなつかしい記憶が蘇ってくるのではないでしょうか。

歌詞は、生徒が教師に感謝し、学生生活を振り返る内容で、「身をたて、名をあげ」など、立身出世を願う言葉も見られます。

平成に入ると、次第に「仰げば尊し」離れが進み、中学校の教員がつくった合唱曲「旅立ちの日に」や、森山直太朗の代表作「さくら」など、その時代に流行った曲に変更する学校が増えてきました。「仰げば尊し」は、歌詞の「いと」「やよ」などの古語がわかりにくいなどの理由で歌われなくなったのです。

卒業ソングも、時代を映す鏡の一つだといえるでしょう。

## ☑見て、持ってビックリ！　中学生の通学かばんが重すぎる

「中学生の通学かばんが重すぎる」

２０１７年の春、そんな話題が新聞の教育面で取り上げられました。今の中学生は〝超〟のつく重さの通学かばんを持て余しているというのです。

学校ごとに違いはありますが、ある中学生の通学かばんは通常で10キロほどもあり、保護者の心配の種になっているとか。10キロのダンベル、ちょっと想像してみてください。腰や肩にズシンときて、「通学時間に筋トレができる」と言うには、やはり重すぎるでしょう。いったい、かばんの中に何が入っているのでしょう？

新聞で取り上げられたケースでは、学校の指定かばんが縦37センチ、横18センチ、高さ32センチで、会社員の「1泊2日出張用」サイズ。その中に入れるのは「(1) その日に学習する教科書」「(2) ノート」「(3) プリントをとじるファイル」「(4) ワーク（問題集）」の４つ。ここに他の資料や部活用の荷物が加わることもあるでしょう。

この中でもかばんを重くしている主因はプリントファイル。授業が進むほど閉じる枚数が増えていき、最大で数センチの幅になるといいます。

ならば、古いプリントをファイルから抜いたり、学校に置いておいたりすれば軽くできそうですが、学校で禁止されているケースが少なくないのだとか。学習道具を学校に置いて帰ることは「置き勉」といって、自宅学習がおろそかになったり、紛失やいたずらなどトラブルの原因になったりしやすいため、学校側は敬遠ぎみなのです。

これまでの章で見てきた通り、教科書自体も重くなっています。国語、算数、社会、理科、英語の5教科で2・6キロほどもあり、教科書が薄くなった「ゆとり教育」のころと比べると約1・5倍の重さになるというのだから、驚きです。

つまり、どんどん厚くなるプリントファイルと教科書こそが、通学かばんを重くしている二

大要因です。教材にプリントファイルを使わなかった昭和世代は、これほどの重さに悩まされることはなかったでしょう。

今後、新しい学習指導要領が導入されると教科書のページ数はさらに増え、中学生のかばんも、小学生のランドセルもますます重くなりそうです。最近は置き勉禁止ルールを緩和する学校も出てきましたが、いずれにしても、生徒の負担になりすぎない対策を考えることが第一です。

## ☑昭和世代が驚愕する、今どき小学校生活の新常識

ここで、今の小学生の学園生活に関する驚きの新常識をチェック。

防犯ブザーにパソコンルーム、時間割なし、運動会の親子ランチなし……。従来の小学生の常識がガラガラと崩れてきています。

### シルバーやゴールド!? ランドセルの常識が変わった

小学校の入学準備は前年の春、遅くとも夏にはスタートします。まずはランドセル選び。

7割近くは昭和生まれの祖父母がプレゼントするそうですが、その昭和世代のランドセルといえば、「男の子は黒、女の子は赤」とほぼ決まっていました。そのため、「どれにしようか」と迷うこともなかったでしょう。

ところが、今のランドセルは100を超えるカラーがあり、シルバーやゴールドのランドセルまで登場。他にもステッチ入り、花柄プリント、リボン、人気キャラクターをあしらったもの、オーダーメイドの高級品まで多種多彩。6年間を一緒に過ごすのだから、子どもも親も祖父母も、大いに迷いそうです。

観光で日本を訪れる外国人女性の中には、ランドセルをマイバッグとして購入する人もいるそうで、日本の小学生のランドセルは、世界からも注目の的なのです。

## ランドセルにつける防犯ブザーが必需品に

ランドセルのショルダーに下がっているのが、今や小学生の必需品となった「防犯ブザー」。小学校に入ると子どもだけで行動することも増えますが、ブザーを持っていればいざというときも安心です。

今のランドセルには、肩ベルト部分に防犯ブザー取り付け用の金具がついているので、装着もスムーズ。非常時にピンを引いたり、ボタンを押したりすると音で危険を知らせるタイプが多いですが、ホイッスル（笛）つきやライトがつくもの、雨の日にも強い防水タイプなど、こちらも種類豊富で選ぶのに頭を悩ませそうです。お気に入りが見つかった新1年生は、とっさの場合にすぐ使えるよう、さっそく操作法を練習します。

そんな小学生たちの通学路に立つ「通学路見守りボランティア」のシルバーエイジから見れば、「子どもが防犯ブザーを持つなんて、昔は考えられなかった」ということになるでしょう。昭和世代が小学生だったころは、近所の大人たちの目が防犯ブザーや見守りボランティアの役目を果たしていたからです。

## 連絡網なし。緊急連絡はメールで配信

かつては必ずあった学校の電話連絡網。学級閉鎖や運動会の雨天変更など、緊急時には連絡網のお世話になっていました。今ではこれも個人情報保護の観点から廃止となっているところもあるようで、その場合はメールで連絡のやりとりをしています。

また、部活などの連絡がＬＩＮＥを通じてやりとりされるとあって、そのためにわざわざＬＩＮＥを始めるお母さんもいるとか。

個人の意向で、「メールもＬＩＮＥもやりません」とは言えない時代になってきているのです。

## 時間割は毎週更新されるのが常識!?

昭和のころは、1年分の時間割がきちっと決まっていましたが、昨今は時間割が週ごとや隔週ごとに更新されるのが当たり前になってきています。

小学校の場合、教科担任制になっている中学、高校と違い、ほとんどの授業を担任一人が受け持ちます。そのため、そのときどきの状況に応じて時間割を柔軟に変えながら、必要なカリキュラムを組み入れていくのです。

たとえば、インフルエンザなどで欠席した児童が多いときなどは、他の時間でフォローしなければなりません。また、児童の理解度の浅い教科があれば、理解を深めるための時間割調整も必要でしょう。そのため、時間割をたびたび更新するのです。

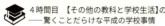

新しい時間割の伝え方ですが、金曜日に翌週の時間割をプリントして配布したり、中には毎日のように翌日の時間割を連絡帳に書いたりする学校もあります。固定した時間割に慣れた親世代からは、「ちょっと面倒……」という声も出ているようです。

## パソコンルーム完備のデジタル学校生活

今どきの小学校は、学校の環境設備だけみても格段に進化しています。

校舎が新しい学校だと、教室は全室冷暖房完備。

トイレは洋式温水トイレ。オートセンサーで照明が点灯。

そして、小学校にパソコンルームがあるのも当たり前。パソコンは、今や学校教育の現場に必須の存在で、総合的な学習の一環として取り入れたり、小学校1年生から操作法を教えたりする学校もあるようです。多くの学校のパソコンルームでは、一人一台、または二人に一台の割合でパソコンが用意されています。

高学年になると、修学旅行の事前調査などもパソコンを駆使して行い、出発までには先生顔負けの知識を備えていたりします。情報収集の素早さに大人はビックリです。

## 運動会のお弁当は〝親子別々〟が普通になった

小学校の運動会のお楽しみといえば、プログラムの合間の「お弁当」。それが昭和世代の常識でした。その日だけは特別、一家総出で手づくりのお弁当を囲み、祖父母も駆けつけてお祭り気分を味わったのです。

ところが最近は、「親子でお弁当」の光景がめっきり減ってきています。お昼ごはんは子どもたちだけで、各教室で食べる学校が増えているのです。午前中のプログラムが終わると、グラウンドから子どもたちがサッと消えてしまうわけです。

では、運動会を見にきた親たちはどうするかというと？　大人だけでお弁当を食べたり、外食したり、いったん家に戻って食事をしてからグラウンドに戻ってきたりとさまざま。今は夫婦共働きが多く、運動会でも休めない親が多い

ため、その子どもたちに配慮しているのでしょう。

慣れないと不思議な感じがしますが、親子別々のランチを体験した親からは、「味気ないけど、正直別々に食べた方がラク」という感想も多いとか。

## 遠足に「おやつ禁止」のルールがある!?

遠足の楽しみの一つが、お弁当とおやつ。自然の中で食べる味は格別ですが、最近は「遠足におやつはなし」と決めている学校も増えています。

「えっ、おやつがない!?　遠足前のおやつ選び、ワクワクした記憶があるけど……」と昭和世代は驚くかもしれませんが、スケジュール的におやつを食べる時間がとりづらいこと、管理しづらいこと、個々の家族の事情など、いくつか理由があるようです。

「おやつＯＫ」の学校でも、同じお菓子を学校で支給するところや、金額の上限を決めず、「必ず食べられる量だけ持参する」と決めるなど、学校ごとにおやつ時間の負担を減らす工夫をしているようです。

## 小学生が「iPS細胞」を学び始めた

「iPS細胞とは？」とあらためて聞かれ、すぐに答えが見つからないようなときは、身近にいる小学生が明快な答えをくれるかもしれません。

「それはね、新しい多能性幹細胞で、再生医療の実現にすごい期待がかかってるんだよ」というように……。

これまで中学、高校の教科書ではiPS細胞の話題を取り上げていましたが、ついに小学生の教科書にも登場。理科や保健の複数の教科書が、2015年度から取り上げるようになりました。5、6年用の「保健」の教科書の中には、「医学や保健の分野における日本人の世界的な活躍」として、2012年にノーベル賞を受賞した山中伸弥京都大学教授の話題をiPS細胞の説明と共に掲載したものもあります。

小学生に笑われない程度の基礎知識は身につけておきたいですね。

## ☑「うさぎ跳び」はもう決してやらない

「うさぎ跳び」と聞くと、昭和世代の中にはスポ根マンガを思い浮かべる人もいるでしょう。ヒザを深く折り曲げ、ピョンピョン跳んで前進していく、あのハードなトレーニング。きつくても足腰が鍛えられ、根性も身につくとあって、運動系の部活のトレーニングでは定番でした。「うさぎ跳びでグラウンド3周」なんてことが普通に行われていたのです。

ところが1980年代になると、「うさぎ跳びは股関節やヒザを痛める」と医学的なリスクが指摘されたことで一転。実は体に悪いというので、「うさぎ跳び禁止」の動きが出始め、やがてスポーツの現場から消えてしまいました。今の中高生に言わせれば、「部活でうさぎ跳び？　ありえない」ということになるでしょう。

そういえば、昭和世代は部活などで「運動中に水を飲むな」と言われた記憶があるかもしれません。水分をとりすぎるとバテる、おなかが痛くなる、などの理由で禁じられていたのです。それも今は昔。

現在は、スポーツ時の水分補給は不可欠だということが科学的にも実証されています。熱中症対策としても、意識して飲むことが大切です。水分補給のとらえ方一つとっても、昭和と今ではずいぶん変わっています。

## 進化型の学校給食はフランス料理やバイキングも

学校給食といえば、まず「牛乳」。

同じ昭和生まれでも、どんな牛乳を飲んでいたかで世代がわかります。

昭和20年から30年代にかけて給食を食べていた世代は、よく「脱脂粉乳の味が忘れられない」といいます。大きなバケツから1杯ずつアルミカップに注がれるのですが、妙なニオイとまずさで「息を止めて速攻で飲み干した」などと酷評されています。

脱脂粉乳の正体は、牛乳から乳脂肪分を除去して粉末状にしたもの。戦後、アメリカから食糧事情の悪い日本に送られてきたのです。

その後、脱脂粉乳と牛乳の混合乳である「委託乳」を経て、昭和40年代には「びん牛乳」になり、昭和50年代中ごろからは、今もおなじみの四角いパックに変わっています。

牛乳以外のメニューは、1960年代半ばまではコッペパンにおかず1品程度が定番。

その後の世代は、油っぽい揚げパン、クジラの竜田揚げをなつかしがり、時代が進むと、さらに変化していきます。

記憶に新しいところでは、異物混入を伴う「まずい給食」が話題になりましたが、昨今の給食は二極化が進み、食べられないほどまずい給食がある一方、進化型の方は「これが給食!?」と目を見張るほど豪華になっています。

パンも普通の食パンの他に、フランスパン、クロワッサンもあるし、カレーにはごはんではなくナンがつくのは当たり前。地場産業を子どもたちに知ってもらおうと、アワビ、伊勢えび、ズワイガニ、フグ、マツタケなどの高級食材を使った給食もあります。

国際化も著しく、フランス料理、イギリス料理、ギリシャ料理、ブラジル料理などの多国籍メニューが出てきたり、バイキング給食を実施する小学校もあったりと、驚きの進化。もちろん、麦ごはんに肉じゃがといった基本の和定食も健在です。いずれにせよ、昭和の給食の常識はもう通用しないのです。

では、子どもにいちばん人気のメニューは？　間違いなく上位にランクされるのは、やはりカレーライス。その点は昔も今も変わっていないようです。

## 「デジタル教科書」の登場で、近未来の授業風景はもっと変わる！

ご紹介してきた通り、教科書と学校生活は急速に移り変わってきています。昭和、平成、そして次の時代に向けて、また次々と新常識が加わっていくでしょう。すでに動き出しているのが、大注目の「デジタル教科書」。

デジタル教科書とは紙の教科書の内容をデジタル化し、タブレットやパソコンなどの端末で使えるようにしたもの。電子書籍化された教科書のようなもので、ごく近い将来、教育現場で利用されることになります。文部科学省が２０２０年から全国の小中学校と高校で導入する方針を正式に示したのです。

すでに、学校のパソコンルームでは、ネットにつないで調べ学習に利用したり、電子黒板と連動した小テストなども実施されたりしています。今後、デジタル教科書が本格的に使われ始めると、学校の授業風景もかなり変わってくるでしょう。やがては紙の教科書自体が旧常識になるのかもしれません。

デジタル教科書のメリットは、文字や写真だけでなく音声や動画が利用できること。英語の教科書なら、クリック一つで発音が知りたい文章の音読を聞くことができます。理科なら、実験の様子を映像で確認することなどが可能になるのです。

紙の教科書とデジタル教科書、それぞれのメリットを生かしながら学ぶ時代が、すぐそこまできています。

## 参考文献

『あなたの知識はもう古い？　最新日本史教科書』（英和出版社）
『なつかしの教科書』（村木俊昭著／アスペクト）
『ここまで変わった日本史教科書』（高橋秀樹、三谷芳幸、村瀬信一著／吉川弘文館）
『あなたの知識はもう役にたたない　いつのまにか変わってる　地理・歴史の教科書』（加藤ジェームズ著／毎日コミュニケーションズ）
『こんなに変わった！　日本史教科書』（山本博文監修／宝島社）
その他、『ＳＡＰＩＯ』、『週刊ポスト』、『週刊ダイヤモンド』、『ＦＬＡＳＨ』、『ＳＰＡ！』、『ダカーポ』、『女性セブン』、『ＴＨＥＭＩＳ』、『ＥＸ大衆』、『日経キッズプラス』ほか、関連のホームページも参考にさせていただきました。

青春新書
PLAYBOOKS

人生を自由自在に活動《プレイ》する

# 人生の活動源として

いま要求される新しい気運は、最も現実的な生々しい時代に吐息する大衆の活力と活動源である。

文明はすべてを合理化し、自主的精神はますます衰退に瀕し、自由は奪われようとしている今日、プレイブックスに課せられた役割と必要は広く新鮮な願いとなろう。

いわゆる知識人にもとめる書物は数多く窺うまでもない。

本刊行は、在来の観念類型を打破し、謂わば現代生活の機能に即する潤滑油として、逞しい生命を吹込もうとするものである。

われわれの現状は、埃りと騒音に紛れ、雑踏に苛まれ、あくせく追われる仕事に、日々の不安は健全な精神生活を妨げる圧迫感となり、まさに現実はストレス症状を呈している。

プレイブックスは、それらすべてのうっ積を吹きとばし、自由闊達な活動力を培養し、勇気と自信を生みだす最も楽しいシリーズたらんことを、われわれは鋭意貫かんとするものである。

—創始者のことば— 小澤和一

編者紹介

現代教育調査班〈げんだいきょういくちょうさはん〉

教育にまつわるさまざまな疑問や不思議について、綿密なリサーチをかけるライター集団。本書では昭和世代と平成世代の間に横たわる大きなギャップに気づいたことから調査がスタートし、調べるうちに自分たちの情報にも更新が必要なことを実感した。つい人に教えたくなる「気づき」が満載の本。


こんなに変《か》わった！
小中高《しょうちゅうこう》・教科書《きょうかしょ》の新常識《しんじょうしき》

青春新書 PLAYBOOKS

2018年2月1日　第1刷

編　者　現代教育調査班

発行者　小澤源太郎

責任編集　株式会社プライム涌光

電話　編集部　03(3203)2850

発行所　東京都新宿区若松町12番1号 〒162-0056　株式会社青春出版社

電話　営業部　03(3207)1916　振替番号　00190-7-98602

印刷・図書印刷　製本・フォーネット社

ISBN978-4-413-21106-2